Solutions Business

Prezi

Faites la différence avec des présentations originales !

ISBN : 978-2-7460-9439-0
Imprimé en France

Editions ENI
ZAC du Moulin Neuf
Rue Benjamin Franklin
44800 St HERBLAIN
Tél. 02.51.80.15.15
Fax 02.51.80.15.16

e-mail : editions@ediENI.com
http://www.editions-eni.com

Auteur : Myriam GRIS
Collection **Solutions Business** dirigée par Corinne HERVO

Chapitre 1
Présentation de Prezi

Chapitre 2
Univers de Prezi

Chapitre 3
Créer sa première présentation

Chapitre 6

Gestion des présentations

Chapitre 7

Collaboration et partage

Chapitre 8

Gestion du compte

Chapitre 9

Exemple d'application

Chapitre 1

Présentation de Prezi

A. Qu’est-ce que Prezi ?

Prezi est un logiciel de présentation en ligne édité par la société hongroise Prezi. Ce logiciel a été créé en 2009 à Budapest et compte actuellement plus de 40 millions d’utilisateurs. Il est disponible en français, en anglais, en allemand, en japonais, en coréen et en chinois. Ses mises à jour sont fréquentes (entre 4 et 9 mises à jour par an) et s’appuient sur les demandes des utilisateurs.

Contrairement au traditionnel modèle linéaire de diapositives de PowerPoint, Prezi est décrit comme un outil de présentation et de narration non séquentiel où les informations sont présentées sur une immense toile.

Prezi peut être comparé à un grand tableau blanc virtuel qui vous permet de communiquer des idées avec n'importe qui d'une manière très dynamique. En effet, vous pouvez choisir de diffuser les présentations en ligne, hors ligne via la version Desktop (uniquement pour les abonnements payants) ou sur iPad et iPhone.

Ce logiciel a la particularité d’utiliser une interface de navigation qui permet aux utilisateurs de « zoomer » et de se déplacer sur la toile sur les différents éléments de la présentation (textes, images, vidéos...). Ces effets de déplacement et de zoom peuvent être effectués au moment de la diffusion de la présentation ou enregistrés dans un scénario, appelé chemin.

Les étapes d'un chemin sont des séquences de navigation qui relient les objets de la présentation afin de structurer une présentation linéaire. En mode Édition, les différentes étapes du scénario sont visibles dans le volet gauche de la fenêtre :

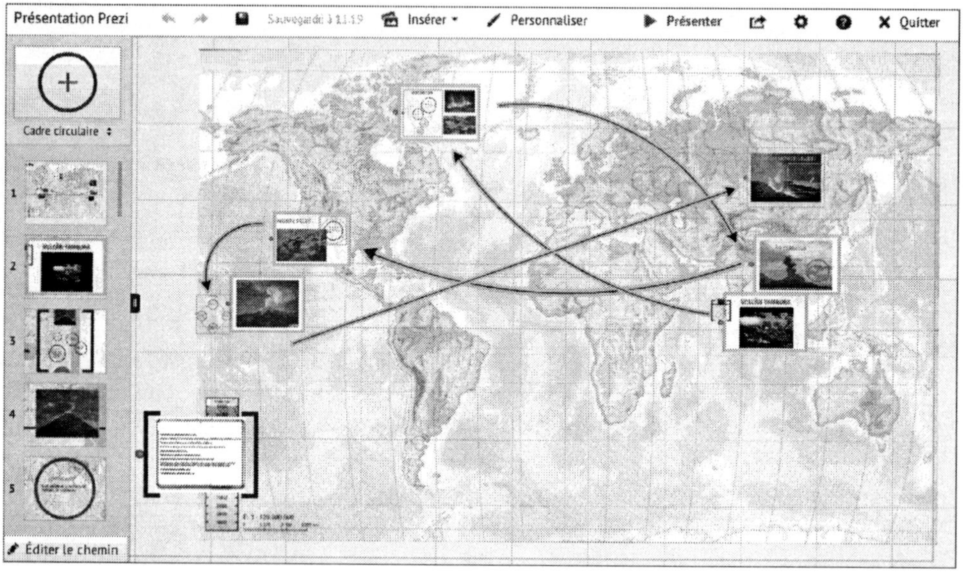

B. Inscription et abonnement

Pour commencer à utiliser Prezi, vous devez ouvrir un compte sur le site **Prezi.com**.

L'inscription vous permettra de choisir entre un compte public et gratuit ou un compte payant disposant d'un espace de stockage plus important, de rendre vos présentations privées et, également, de pouvoir travailler hors ligne.

L'adhésion à Prezi est moins onéreuse pour les étudiants et les utilisateurs disposant d'une licence d'enseignant ; pour en bénéficier, vous devez utiliser l'adresse de messagerie d'un établissement d'enseignement.

Après avoir cliqué sur **Commencer** de la page **Prezi.com**, la page affiche les caractéristiques des abonnements auxquels vous pouvez souscrire :

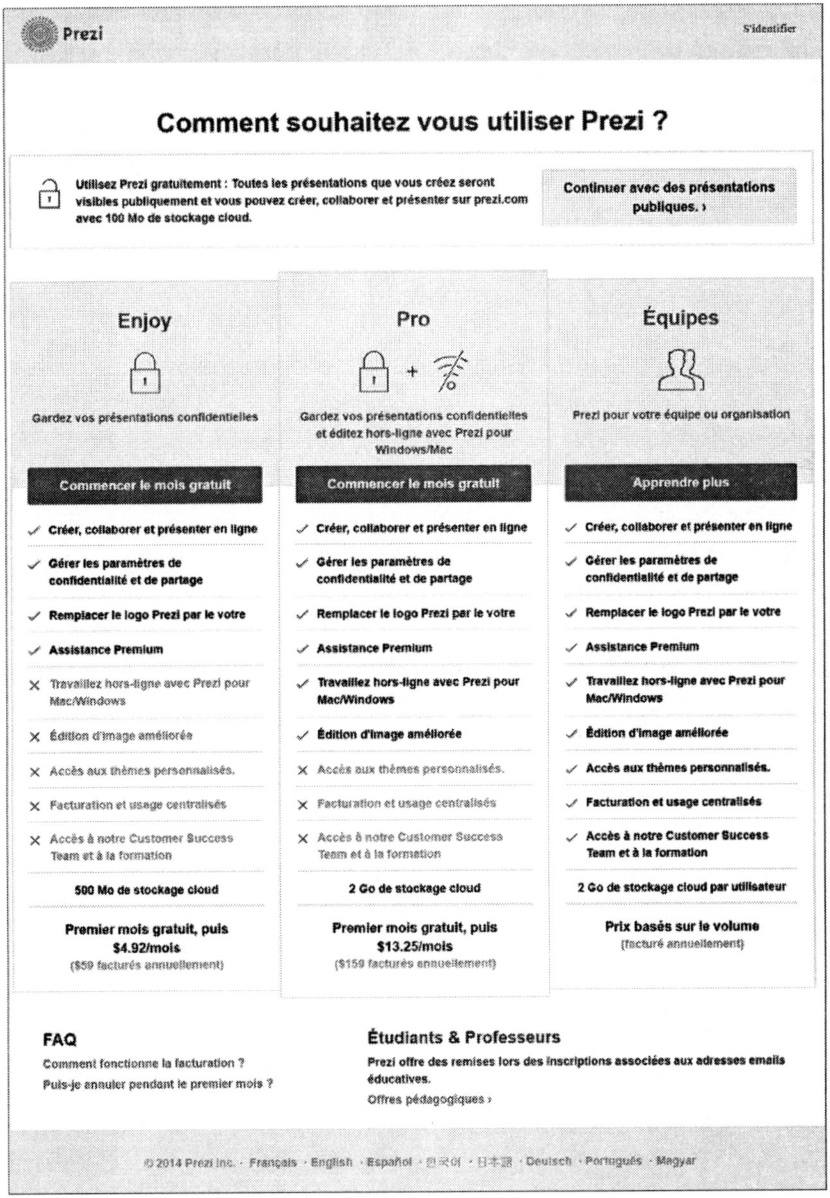

1. Abonnement gratuit

Le bouton **Continuer avec des présentations publiques** vous propose de souscrire à cet abonnement.

Un compte public comprend toutes les fonctionnalités de base du logiciel pour créer des présentations en ligne ; il est fourni avec 100 Mo de stockage destinés à enregistrer les présentations créées.

Toutes les présentations réalisées avec ce type de compte sont publiques, ce qui signifie qu'elles sont visibles et accessibles à toute personne ayant accès à Internet. De plus, le logo Prezi est visible en filigrane dans le coin inférieur gauche des présentations.

Cet abonnement propose :

- La création et l'édition de présentations, uniquement en ligne, une connexion Internet permanente est donc nécessaire.
- La modification d'une présentation par un ou plusieurs utilisateurs.
- La diffusion d'une présentation, uniquement en ligne, via un navigateur Internet.

2. Abonnements payants

Les abonnements **Enjoy** et **Pro** sont payants après une période d'essai de 30 jours, l'abonnement peut être annulé pendant cette période.

Outre les fonctionnalités énoncées pour l'abonnement gratuit, le **compte Enjoy** offre également :

- Un espace de stockage de 500 Mo.
- La possibilité de rendre privées ses présentations.
- La gestion des paramètres de partage.
- Une assistance technique effectuée par des experts du logiciel.
- La possibilité de remplacer le logo Prezi par un logo personnalisé.

En souscrivant à l'offre **Pro**, vous bénéficiez en plus d'un espace de stockage de 2 Go ainsi que la possibilité de travailler hors ligne via l'application Prezi Desktop (qui peut être installée sur PC et Macintosh) et d'utiliser l'éditeur de retouche de photos de Prezi.

L'abonnement **Équipes** est destiné aux sociétés souhaitant acquérir plusieurs licences et donner la possibilité aux utilisateurs de partager et de co-éditer des présentations avec, comme avantage supplémentaire, de pouvoir élaborer des thèmes personnalisés et de bénéficier de formations et d'une assistance technique 24 heures sur 24.

3. Abonnements Étudiants & Professeurs

Le lien **Offres pédagogiques**, visible en bas de la page des offres d'abonnement, propose trois formules d'abonnements :

Ces abonnements offrent des fonctionnalités similaires aux abonnements proposés en standard.

Seule la première offre, **Edu Enjoy**, est gratuite tandis que les deux autres offres sont payantes, mais leur prix reste bien inférieur aux abonnements classiques.

C. Configuration technique

Pour utiliser Prezi, votre ordinateur doit disposer des caractéristiques suivantes :

- **Adobe Flash Player 10 ou supérieur** : Prezi utilise la technologie Adobe Flash pour la diffusion des présentations, cette application doit être installée et mise à jour régulièrement.
- **1 Go de mémoire vive** (RAM) est recommandé.
- **Un navigateur Internet** : Internet Explorer 9 ou supérieur, Mozilla Firefox 3 ou supérieur, Google Chrome et Safari.

> *Pour une utilisation optimale, nous vous recommandons la version 11.1 de Flash et les navigateurs Firefox 3.6, Chrome 4 ou Safari 4.*

L'application **Prezi Desktop**, fournie en téléchargement avec les abonnements Pro et Équipe, peut être installée sur PC ou sur Macintosh disposant d'un des systèmes d'exploitation suivants :

- Windows XP, Windows Server 2003-2008, Windows Vista (avec Service Pack 2), Windows 7 ou Windows 8.
- Mac OS X 10.6 ou supérieur.

D. Fonctionnalités de Prezi

Bien qu'il soit possible d'imprimer ses présentations, Prezi est essentiellement numérique et ses présentations peuvent être visionnées sur tout type de supports numériques : ordinateur, tablette, Smartphone...

1. La toile (ou scène)

L'espace de travail de Prezi, appelé toile ou scène, est illimité, il est comparable à un grand tableau blanc sur lequel sont placés les différents contenus de la présentation (texte, images...) ; ces contenus sont ensuite affichés successivement lors de la présentation via des déplacements de caméra et des effets de zoom.

Aucun contenu n'est masqué, tous les éléments sont visibles sur la toile rendant ainsi chacun de ces contenus accessibles à tout moment que ce soit en mode Édition ou en mode Présentation.

À tout moment, le déroulé de la présentation peut être modifié et s'adapter au contexte et à l'auditoire.

2. Les objets qui peuvent être intégrés

Tout type d'objets numériques peut être placé sur cette grande toile :

- du texte ;

- des formes (flèches, rectangles...) ;

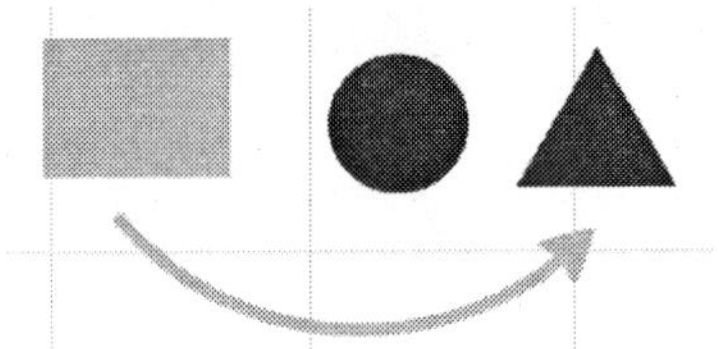

- des symboles ;

- des photos ou images (au format PNG, JPG ou GIF) ;

- des animations Flash et vidéos (au format FLV, MP4, AVI ou provenant de YouTube) ;

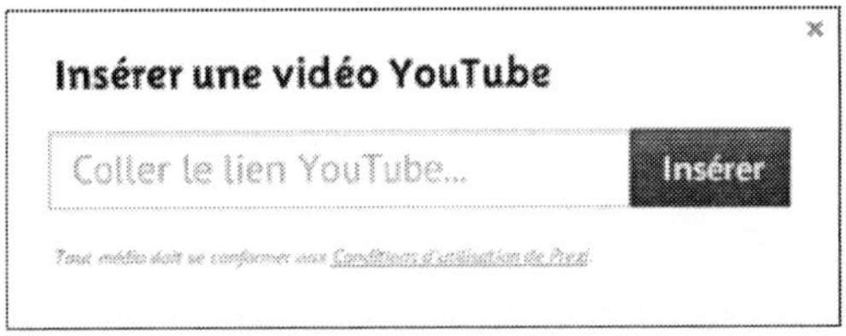

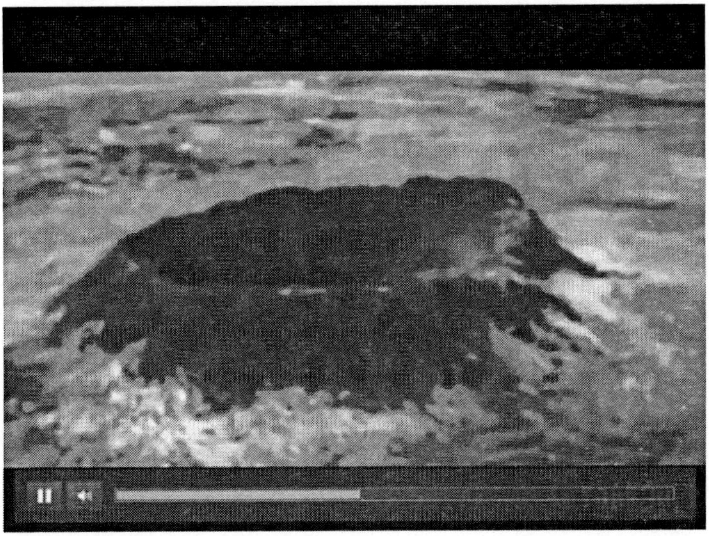

- des clips audio (au format SWF ou FLV) ;
- des diapositives PowerPoint ;
- des graphiques...

L'importation de fichiers PDF permet d'insérer tout type de documents convertis dans ce format, que ce soit un document Word, un tableau ou graphique Excel, etc.

Pour afficher ensuite ces contenus, l'utilisateur utilisera des **effets de translation** pour se déplacer d'un contenu à l'autre, des **effets de zoom** pour afficher le contenu à la taille souhaitée et des **effets de rotation** si le contenu est orienté différemment. Des effets d'animation peuvent également être appliqués à des contenus afin de pouvoir les faire apparaître le moment venu.

Par défaut, chaque contenu est affiché l'un après l'autre. Pour afficher plusieurs contenus ensemble, il est possible d'avoir recours à des cadres (frames).

3. Le partage

Les présentations réalisées avec Prezi peuvent être envoyées sous forme de fichiers (qui pourront ensuite ouverts dans l'application Prezi Desktop) ou sous forme de lien (privé ou public) par e-mail afin d'être ensuite visionnées localement ou sur le site par leurs destinataires.

Pour partager une présentation, vous pouvez également :

- l'ajouter à une page d'un site web ;
- la publier sur un site de réseaux sociaux (Twitter, Facebook, LinkedIn) ;
- l'insérer dans un blog ;
- la rendre publique et accessible depuis l'onglet **Explorer** du site Prezi.com.

Si vous disposez d'un abonnement payant, vous pouvez alors gérer les paramètres de confidentialité et ainsi choisir les utilisateurs autorisés à visionner, modifier et/ou à réutiliser vos présentations.

4. La collaboration

L'option **Prezi Réunion** (ou **Prezi Meeting**) est incluse dans toutes les licences d'abonnement à Prezi, y compris dans la version gratuite.

Cette option facilite la collaboration en ligne et permet à 10 utilisateurs maximum de modifier ou de présenter simultanément une même présentation.

La liste des co-rédacteurs ou co-présentateurs est visible à tout moment à droite de l'écran. Les modifications effectuées sont visibles en temps réel.

À l'issue d'une réunion, le présentateur d'une réunion peut inviter des participants à modifier une présentation ultérieurement en leur envoyant un lien par e-mail, ces derniers auront alors un délai de 10 jours pour effectuer ces modifications.

E. Prezi vs PowerPoint

Bien que Prezi et PowerPoint soient tous les deux des logiciels de PréAO (Présentation Assistée par Ordinateur), leur comparaison est surtout fonction des préférences personnelles de chacun.

Chacun a ses avantages et inconvénients et quel que soit le type de présentation que vous souhaitez réaliser, il est important de connaître les différences de ces deux logiciels car la méthode utilisée pour présenter une présentation est toute aussi importante que son contenu.

1. PowerPoint

Son avantage majeur est que PowerPoint est connu de tous, présentateurs et participants sont ainsi déjà familiarisés avec son interface et le déroulement d'une présentation suivant un scénario linéaire. Il est également compatible avec la plupart des plates-formes.

Parmi ses autres **avantages**, nous pouvons citer :

- Sa notoriété en fait un outil convivial.
- Ses mises en page de diapositives prédéfinies et les thèmes associés permettent de modifier rapidement les couleurs, les polices et l'arrière-plan des diapositives.
- La possibilité d'associer à chaque diapositive des commentaires que l'animateur pourra visualiser tout au long de la projection du diaporama.
- Les effets d'animations proposés sont nombreux et variés.
- La possibilité d'imprimer les diapositives, mais également les pages de commentaires et le plan d'une présentation.
- L'insertion de liens hypertexte sur du texte ou sur tout autre élément de la présentation qui permettra ensuite d'afficher une autre page, un autre document ou une page web.

Ses **inconvénients** :

- Bien que ce logiciel soit très répandu dans les sociétés, il n'est pas gratuit et pour l'installer, il sera nécessaire d'acheter le Pack Office de Microsoft.
- Les modèles de graphiques fournis n'ont pas été renouvelés depuis longtemps et manquent de modernité.
- Souvent, les mêmes modèles PowerPoint étant utilisées, les présentations tendent à se ressembler.
- Le déroulement séquentiel de diapositive en diapositive : il est difficile de revenir sur une diapositive spécifique pendant la projection ou d'en modifier l'ordre.

2. Prezi

L'interface de Prezi est complètement différente de PowerPoint. C'est un programme basé sur le lecteur Flash et qui propose une immense page blanche et non une succession de diapositives. Les présentations Prezi ne sont donc pas linéaires et le présentateur affichera les éléments de la page dans l'ordre qui lui convient.

Ses avantages :

- Sa fonction de zoom : tous les éléments utiles à la présentation étant disposés sur la toile, le présentateur, lorsqu'il doit parler d'un sujet particulier, clique alors sur l'élément relatif à ce sujet pour l'agrandir et l'afficher aux participants. Il peut ensuite effectuer un zoom arrière et cliquer sur un autre élément pour agrandir le zoom de ce dernier.

- La navigation entre les éléments de la présentation est aisée et fluide.
- Sa version basique est gratuite et les présentations sont enregistrées et diffusées sur le Web, ce qui signifie qu'il est possible de travailler ou de visualiser une présentation depuis n'importe quel ordinateur connecté à Internet, sans qu'il soit nécessaire d'installer le programme sur l'ordinateur ou d'enregistrer sur un support amovible les présentations.
- Comme les présentations sont enregistrées sur le Web, elles peuvent facilement être intégrées dans des blogs ou des pages web et partagées avec vos contacts sur les réseaux sociaux.

Ses inconvénients :

- Son interface novatrice déroute les utilisateurs qui doivent apprendre à l'utiliser et modifier également leur façon de construire et d'élaborer leurs présentations.
- Les effets de zoom utilisés à outrance peuvent donner des maux de tête.
- Il n'est pas possible d'imprimer les diapositives (car il n'y a pas de diapositives) ; il ne sera donc pas possible de fournir une copie de la présentation à l'auditoire.
- Pour travailler hors ligne, il est nécessaire d'acheter le programme (plus cher que le Pack Office de Microsoft).
- Les modèles prédéfinis ne peuvent pas être modifiés (hormis pour les licences de l'abonnement Équipes).
- Moins connu que PowerPoint, il manque encore de convivialité auprès des utilisateurs.

En conclusion, Prezi peut être l'outil idéal pour ceux qui veulent sortir des sentiers battus des présentations linéaires et souhaitent captiver leur auditoire en leur offrant une interface novatrice et dynamique.

Bien que Prezi et PowerPoint soient à tous points adaptés pour des présentations en entreprises, les présentations Prezi trouveront tout leur intérêt auprès d'un public d'enfants ou d'étudiants, ses effets visuels et de transitions capteront davantage leur attention.

Pour terminer ce comparatif, il est important de rappeler que la qualité d'une présentation ne dépend pas du programme utilisé mais de la manière dont le programme a été utilisé pour le concevoir.

Chapitre 2
Univers de Prezi

A. Étapes de préparation avant de créer une présentation

Prezi n'étant pas un outil de présentation classique, la disposition de l'ensemble des informations sur une même scène et la visualisation de ces informations par des zooms successifs nécessitent une approche et une préparation avant la création d'une présentation différentes des outils traditionnels.

Ses caractéristiques en font un outil unique et offrent l'avantage aux participants de mieux appréhender et de mieux mémoriser le contenu d'une présentation.

Cependant, pour réussir une présentation Prezi et réaliser une véritable animation multimédia interactive, il est nécessaire de réfléchir à un scénario de départ qui mettra en évidence les relations entre les informations et les idées présentées afin de guider l'auditoire tout au long du déroulé de la présentation.

Pour ce faire, vous pouvez créer votre scénario sur papier à la manière d'une carte mentale (*Mind-Mapping*) en indiquant vos principaux points. Ces points principaux fourniront la structure et le cheminement à utiliser pendant la présentation. Ces points peuvent être des zones de votre présentation qui seront destinées à être agrandies (sens propre et figuré) pour afficher d'autres informations plus détaillées.

Voici quelques conseils pour vous guider dans la préparation de votre présentation.

- Commencez par réaliser le « squelette » de la présentation, à savoir, les points principaux puis les points secondaires sous la forme de mots clés, les détails spécifiques seront ajoutés en dernier. Nous vous conseillons une dizaine de points clés maximum.
- Positionnez ces informations de façon cohérente : gardez toujours à l'esprit que votre présentation, pour la plupart des cas, débutera par la vue générale, de plus, pour éviter des déplacements inappropriés, après avoir identifié les liens entre chacune des informations, prévoyez de les positionner en suivant un ordre de cheminement cohérent.

- Une fois le schéma du scénario réalisé, créez une nouvelle présentation dans Prezi en choisissant judicieusement dès le départ un modèle de conception. En effet, le choix d'un modèle (ou thème) détermine ensuite les polices, la taille des caractères et la palette de couleurs qui seront utilisées pour toute la présentation, si ce choix est fait après la conception, il sera donc nécessaire de réorganiser les éléments de la présentation pour l'adapter au nouveau modèle.
- Pour aider la mémorisation des informations principales, associez-les à des images (plus efficace que des longues phrases).
- Si plusieurs éléments doivent être visualisés ensemble, vous pouvez utiliser dans ce cas des cadres (cf. chapitre Créer sa première présentation - Ajouter des cadres).
- Pour vous aider à concevoir votre présentation, vous pouvez consulter des exemples fournis sur le site **Prezi.com** (onglet **Explorer**).

B. Se familiariser avec l'interface en ligne

✎ Pour accéder à votre espace de travail en ligne, sur le site Prezi.com, connectez-vous avec les identifiants fournis lors de votre inscription via le bouton **CONNEXION** visible en haut de la page.

Votre espace de travail ressemble à l'image suivante :

La partie supérieure de la page affiche trois onglets de navigation, **Vos prezis**, **Aide et Astuces** et **Explorer** ainsi que le nom de l'utilisateur connecté :

Par défaut, l'onglet **Vos prezis** est actif ; cet onglet donne accès à votre bibliothèque de présentations Prezi, celles que vous avez créées et également celles qui sont partagées avec vous. Depuis cette page, il est possible de créer des dossiers pour classer vos présentations, de créer de nouvelles présentations, etc. (cf. titre suivant Naviguer dans la bibliothèque des prezis).

L'onglet **Aide et Astuces** donne accès à l'aide en ligne de Prezi, au forum communautaire... Une vidéo de prise en main (en anglais) est également proposée ainsi que des présentations d'aide à la conception (dans le volet droit de la fenêtre).

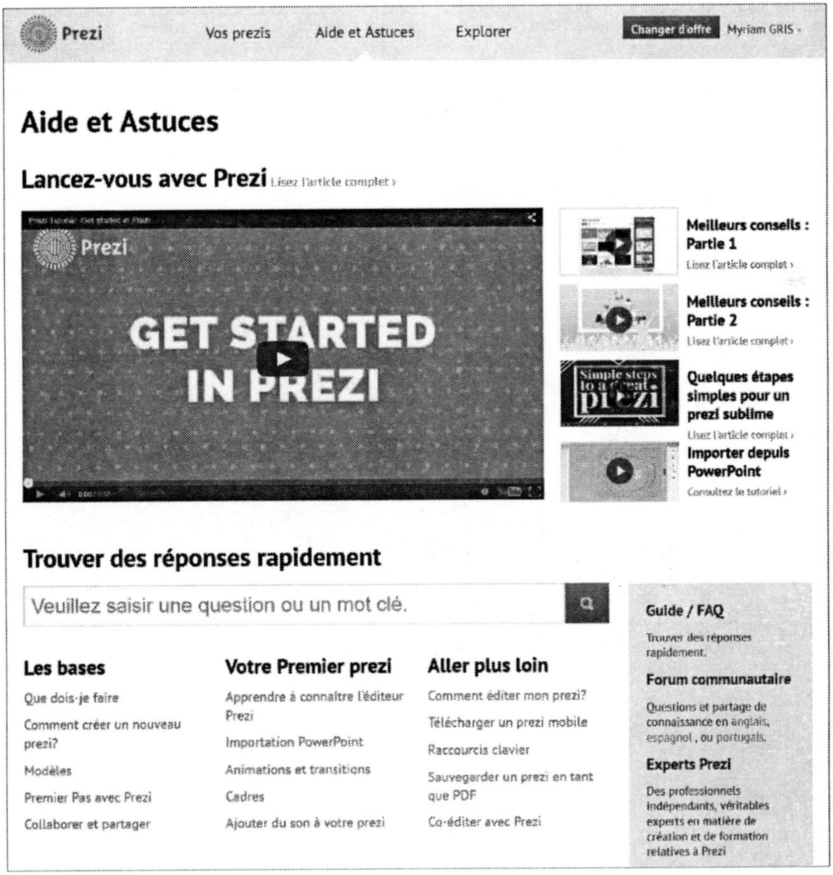

L'onglet **Explorer** permet de visionner des présentations publiques réalisées par des utilisateurs de Prezi.

Certaines présentations publiques dites **Prezi réutilisables** peuvent être téléchargées et modifiées. L'intitulé **Réutilisable** s'affiche dans le coin droit de la vignette lorsque le pointeur de la souris est positionné dessus. Lors d'une recherche, vous pouvez cocher l'option **Afficher les prezis réutilisables uniquement**.

Les options du menu associé au nom de l'utilisateur connecté permettent de modifier les paramètres d'utilisation de Prezi et ceux du compte de l'utilisateur, de changer d'offre et de se déconnecter.

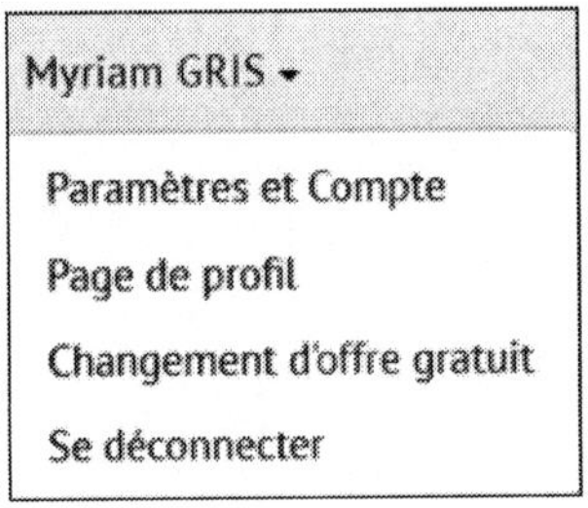

C. Naviguer dans la bibliothèque des prezis

✎ Pour afficher le contenu de votre bibliothèque, cliquez, si besoin, sur l'onglet **Vos prezis**.

Par défaut, les présentations créées par l'utilisateur et celles partagées sont visibles dans la bibliothèque : l'option **Tous les prezis** est active dans la liste de l'outil 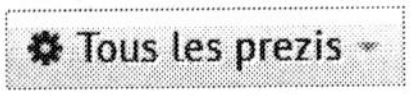

; vous pouvez choisir dans cette liste d'afficher uniquement les présentations que vous avez créées (option **Possédé par vous**) ou celles que les utilisateurs ont choisi de partager avec vous (option **Partagé avec vous**).

Chaque présentation est symbolisée par une vignette. Son nom, celui de l'auteur et la date de modification sont indiqués dans la partie inférieure de la vignette.

Chaque vignette affiche la vue générale de la présentation et, lorsque le pointeur est positionné sur une vignette, les outils suivants s'affichent :

ouvre la présentation en mode Édition.

permet de partager la présentation (choix du niveau de confidentialité et des personnes avec lesquelles la présentation sera partagée et affichage du lien d'accès à la présentation).

permet de classer la présentation dans un autre dossier.

supprime la présentation.

En cliquant directement sur la vignette, la lecture de la présentation se lance.

Le niveau de publication d'une présentation est représenté par le symbole qui précède le nom de la présentation :

indique qu'il s'agit d'une présentation publique réutilisable, elle est donc visible et éditable pour tout utilisateur Prezi.

indique qu'il s'agit d'une présentation publique, chaque utilisateur Prezi peut la visionner mais elle ne pourra pas être modifiée.

indique qu'il s'agit d'une présentation cachée, c'est-à-dire qu'elle n'est pas visible au public, seuls les utilisateurs avec qui vous partagez la présentation et ceux qui disposent du lien d'accès peuvent voir et accéder à cette présentation.

indique qu'il s'agit d'une présentation privée, seuls vous et les utilisateurs à qui vous avez envoyé le lien d'accès peuvent voir cette présentation.

Pour rappel, les comptes publics sans abonnement ne peuvent modifier les paramètres de confidentialité de leurs présentations, ces dernières sont visibles et réutilisables pour tout utilisateur via l'onglet **Explorer**.

Pour partager une présentation ou modifier les paramètres de confidentialité, reportez-vous aux titres du chapitre Collaboration et partage.

*Si vous avez souscrit à un abonnement payant, le lien **Télécharger Prezi pour Windows** permet d'installer l'application Prezi sur le poste de travail (cf. chapitre Découvrir Prezi Desktop).*

Chapitre 3

Créer sa première présentation

A. Créer une présentation à partir d'un modèle

Lorsque vous créez une nouvelle présentation Prezi, vous avez le choix entre une présentation vierge ou une présentation basée sur un des modèles prédéfinis proposés par Prezi. Si vous débutez dans Prezi, nous vous conseillons, dans un premier temps, d'utiliser un de ses modèles afin de pouvoir disposer dès le départ d'une mise en page prédéfinie.

Nous vous présentons dans ce titre toutes les étapes pour réaliser une présentation basée sur un modèle :

- Choisir le modèle à utiliser.
- Découvrir l'espace de travail.
- Naviguer sur la scène.
- Modifier le thème de la présentation
- Renseigner le titre principal et les autres espaces réservés au texte.

1. Créer la présentation et choisir le modèle

✎ Sur la page web de Prezi.com, connectez-vous à votre compte Prezi.

✎ Depuis l'onglet **Vos prezis**, cliquez sur le bouton Nouveau prezi, visible à gauche de votre nom d'utilisateur ou cliquez sur la vignette **Nouveau prezi** de la bibliothèque.

Le bouton Nouveau prezi n'est pas visible pour les comptes gratuits.

La fenêtre qui s'affiche vous permet de choisir le modèle sur lequel la nouvelle présentation sera basée :

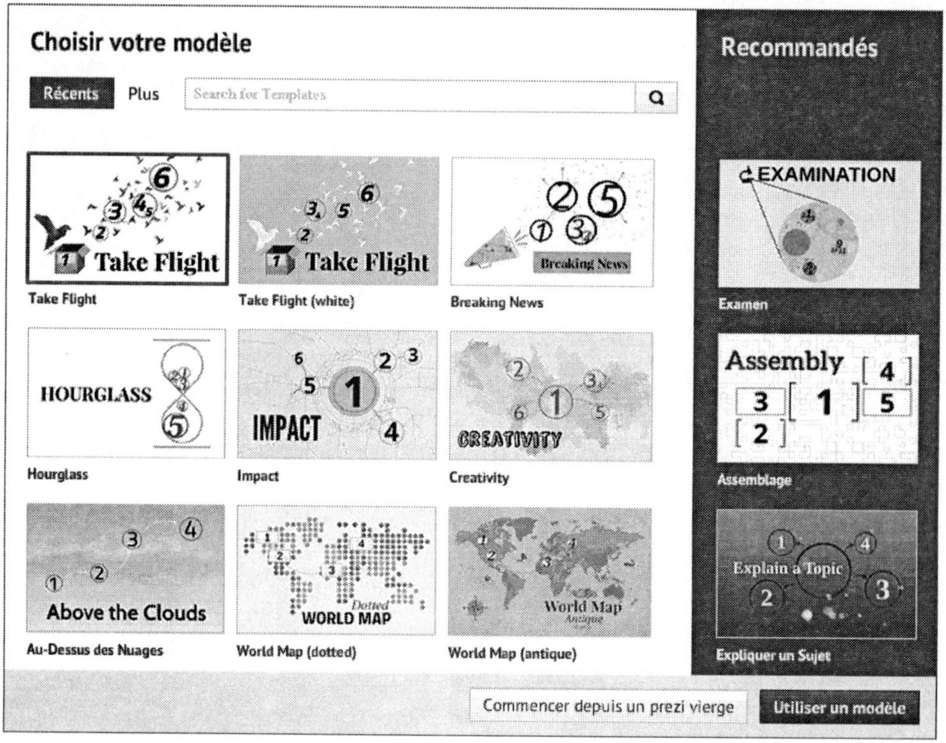

Par défaut, les 9 modèles les plus **Récents** sont affichés ; une liste de modèles **Recommandés** est visible dans le volet droit de la fenêtre. La zone de recherche vous permet de rechercher un modèle particulier (il est recommandé de saisir des mots clés en anglais) tandis que le bouton **Plus** (situé à gauche de la zone de recherche) permet d'afficher la liste complète des modèles prédéfinis proposés par Prezi.

Chaque modèle est pourvu non seulement d'éléments graphiques mais également d'un thème spécifique (arrière-plan, jeu de polices et d'une palette de couleurs) et des zones réservées au texte. Le chemin du scénario de la présentation est également inclus dans ces modèles. Après avoir choisi un modèle, il sera possible de modifier le thème ainsi que le chemin du scénario proposé.

✎ Pour créer une présentation basée sur un modèle, cliquez sur la vignette du modèle souhaité puis cliquez sur le bouton **Utiliser un modèle**.

2. Découvrir l'espace de travail

L'espace de travail d'une présentation Prezi est constitué des principaux éléments suivants :

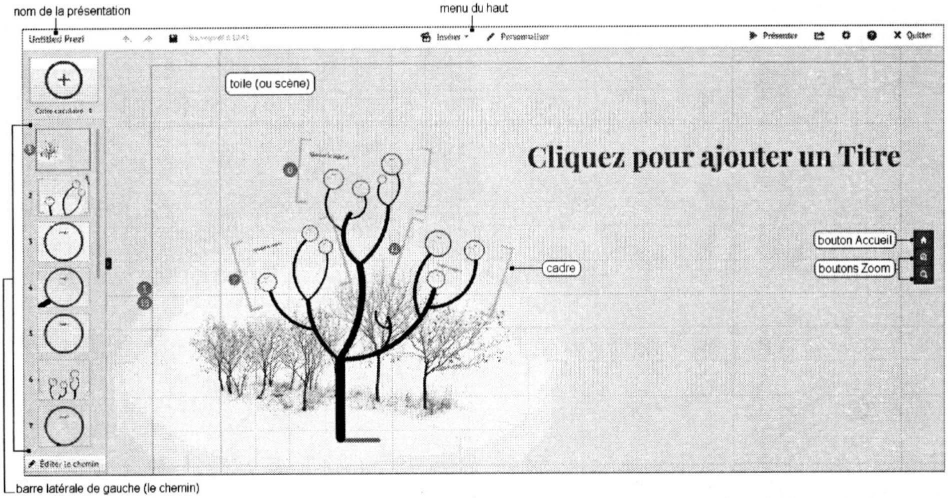

a. Nom de la présentation

Par défaut, lors de la création d'une nouvelle présentation, le nom est **Untitled Prezi** ; le premier texte saisi dans la présentation sera ensuite automatiquement attribué en tant que nom de cette dernière.

Vous pouvez modifier ce nom ultérieurement, une fois la présentation fermée, depuis la bibliothèque de vos prezis (cf. Gestion des présentations - Modifier le nom ou la description d'une présentation).

b. Menu du haut

Cette barre de menus propose les principales commandes de l'application :

Annule la ou les dernières commandes effectuées.

Rétablit la ou les dernières commandes annulées.

Enregistre les modifications effectuées ; Prezi enregistre automatiquement chaque modification et indique, à droite de l'outil, l'heure de sauvegarde, cependant, cet outil permet de le faire manuellement.

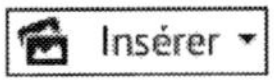

Ce menu propose d'insérer différents éléments à la scène : image, vidéo, formes, fichier PDF, présentation PowerPoint, etc.

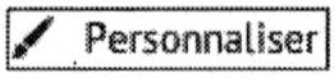

Affiche, à droite de la fenêtre, le volet **Personnaliser** permettant de choisir ou de modifier l'image d'arrière-plan de la présentation ainsi que son thème.

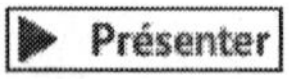

Lance la lecture de la présentation ; il s'agit du mode Présentation.

Le menu **Partager** propose des options permettant de partager la présentation avec d'autres utilisateurs Prezi ou sur Facebook, de présenter à distance, de convertir la présentation en tant que fichier PDF ou fichier Prezi portable.

Le menu **Paramètres** propose de modifier la résolution de l'écran (**4:3** ou **16:9**) et d'activer les raccourcis-clavier.

Le menu **Aide** affiche une zone de recherche vous permettant de saisir les mots clés relatifs à l'aide souhaitée puis, après validation, Prezi affiche la ou les rubriques d'aide demandées sous l'onglet **Aide et Astuces**.

Ferme la présentation.

c. Toile (ou scène)

C'est l'espace dans lequel seront ajoutés tous les éléments de la présentation ; cet espace n'a pas de limite de taille, vous pouvez réduire le zoom d'affichage pour une vue plus générale de la scène et l'agrandir pour travailler sur un élément particulier.

Lorsque le pointeur de la souris est positionné à droite de l'espace de travail, une barre d'outils composée de trois boutons s'affichent :

Le bouton **Accueil** permet d'afficher la vue générale de la présentation.

Ce bouton permet d'agrandir le zoom d'affichage de la scène.

Ce bouton permet de réduire le zoom d'affichage de la scène.

Pour plus de détails, consultez le titre suivant Naviguer sur la scène.

d. Barre latérale de gauche

La barre latérale de gauche affiche, sous forme de vignettes, les différentes étapes du chemin, à savoir les éléments qui seront affichés successivement au cours de la présentation. Ce scénario définit ainsi l'ordre d'apparition des éléments ou groupes d'éléments de la présentation.

En mode Édition, vous pouvez cliquer sur une des vignettes pour afficher sur la scène le ou les éléments qu'elle contient en gros plan.

3. Naviguer sur la scène

Pour élaborer la présentation, il est nécessaire de savoir se déplacer sur la scène afin d'y insérer les différentes informations de la présentation.

- Pour déplacer la scène, cliquez sur un endroit de la scène et faites glisser le pointeur de la souris dans la direction souhaitée.
- Pour agrandir ou réduire le zoom d'affichage, utilisez la molette de la souris ou positionnez le pointeur de la souris à droite de la scène pour afficher la barre d'outils puis cliquez sur l'outil  ou l'outil .
- Pour afficher une vue générale, affichez la barre d'outils en positionnant le pointeur de la souris sur la partie droite de la scène et cliquez sur l'outil **Accueil** .

Cet affichage est recommandé lorsque vous commencez à réaliser votre présentation car, par défaut, Prezi affiche le centre de la scène, l'endroit qui sera affiché en premier en mode Présentation.

4. Modifier le thème

Avant de réaliser votre présentation, quelques réglages de mise en page sont nécessaires comme, par exemple, le choix des polices et couleurs de caractères, des formes, du logo, etc. Les thèmes Prezi proposent ces mises en valeur.

À la création d'une nouvelle présentation, Prezi vous propose des modèles prédéfinis qui sont dotés de thèmes. Si le thème choisi ne vous convient pas, vous pouvez alors suivre cette procédure pour le modifier, le personnaliser ou appliquer un nouveau thème.

- Pour choisir un autre thème, cliquez, dans la barre des menus, sur le menu **Personnaliser**.

Le volet **Personnaliser** s'affiche à droite de la fenêtre :

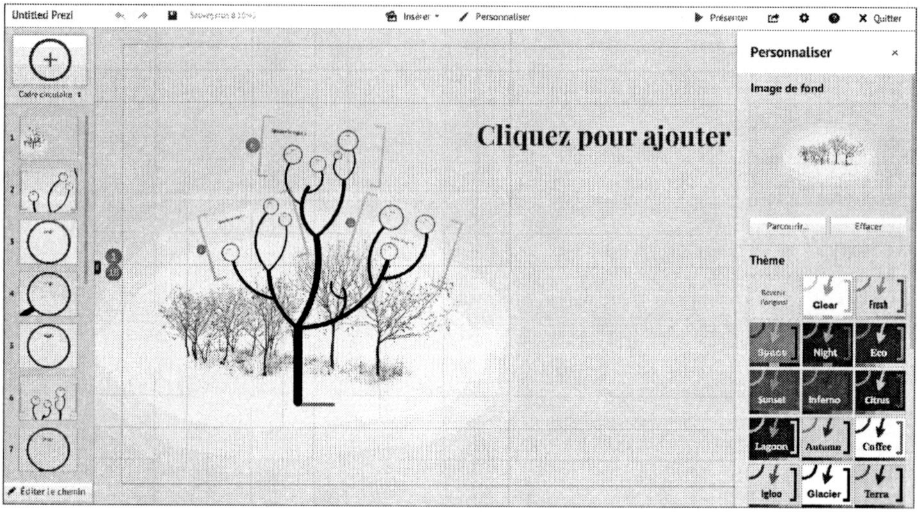

✎ Sélectionnez un des thèmes proposés ou, pour personnaliser le thème, cliquez sur le bouton **Avancé** visible en bas du volet.

Si vous avez cliqué sur le bouton **Avancé**, la fenêtre **Theme Wizard** apparaît.

✎ Pour une personnalisation standard, cliquez, si besoin sur le bouton **Wizard** visible en bas de la fenêtre.

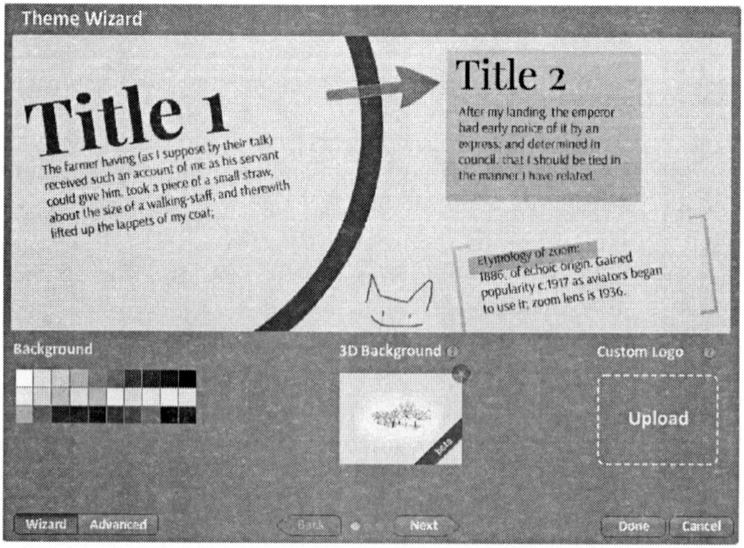

- Dans la palette de couleurs **Background**, choisissez la couleur d'arrière-plan de la scène.

Le cadre **3D Background** affiche l'image d'arrière-plan choisi pour le thème.

- Pour remplacer l'image d'arrière-plan par une autre, cliquez sur la vignette puis recherchez l'image de remplacement et double cliquez sur son nom ; pour supprimer l'image d'arrière-plan, pointez la vignette de l'image puis cliquez sur l'outil .

En mode **Avancé**, il est possible d'ajouter jusqu'à trois images pour réaliser un arrière-plan en trois dimensions (cf. Créer une présentation vierge).

- Pour ajouter le logo de votre société, cliquez sur la vignette **Upload** du cadre **Custom Logo** puis double cliquez sur le fichier de l'image à utiliser.

Cette fonctionnalité est proposée uniquement pour les abonnements Enjoy, Pro et EDU Pro.

La taille recommandée de l'image doit être de 250x100 pixels et de 1 Mo maximum. Le logo apparaîtra dans le coin inférieur gauche de chaque vue.

- Cliquez ensuite sur **Next**.

L'étape suivante vous propose de choisir la police de caractères et la couleur des deux premiers niveaux de titre et du corps de texte :

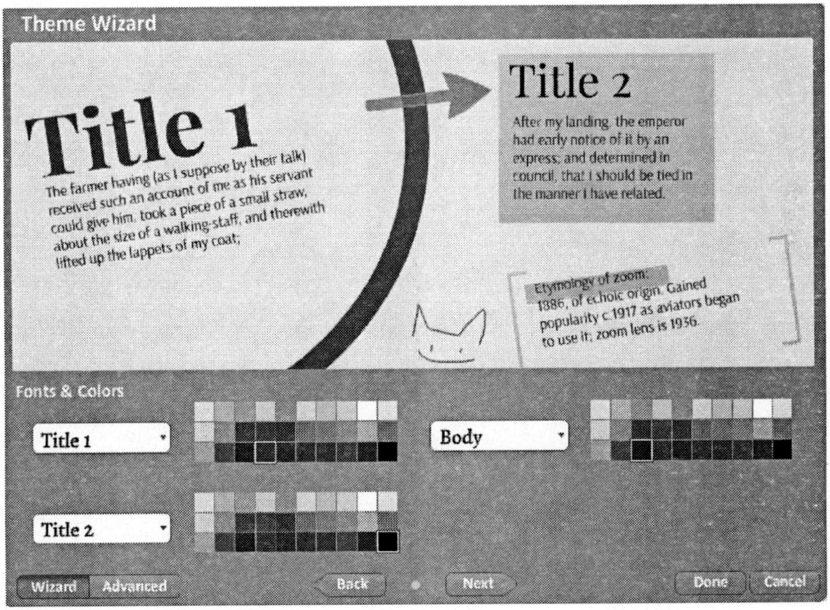

- Choisissez, dans la liste **Title 1**, la police de caractères des titres principaux (de niveau 1) parmi les 16 polices proposées puis, dans la palette de couleurs située à droite, sélectionnez la couleur de caractères.
- Dans la liste **Title 2**, choisissez la police de caractères à utiliser pour les sous-titres (de niveau 2) puis la couleur de caractères.
- Dans la liste **Body**, sélectionnez la police de caractères à utiliser pour le texte standard (sans niveau de titre) puis choisissez sa couleur.
- Cliquez ensuite sur le bouton **Next**.

À cette étape, vous pouvez définir les couleurs des formes et du surligneur :

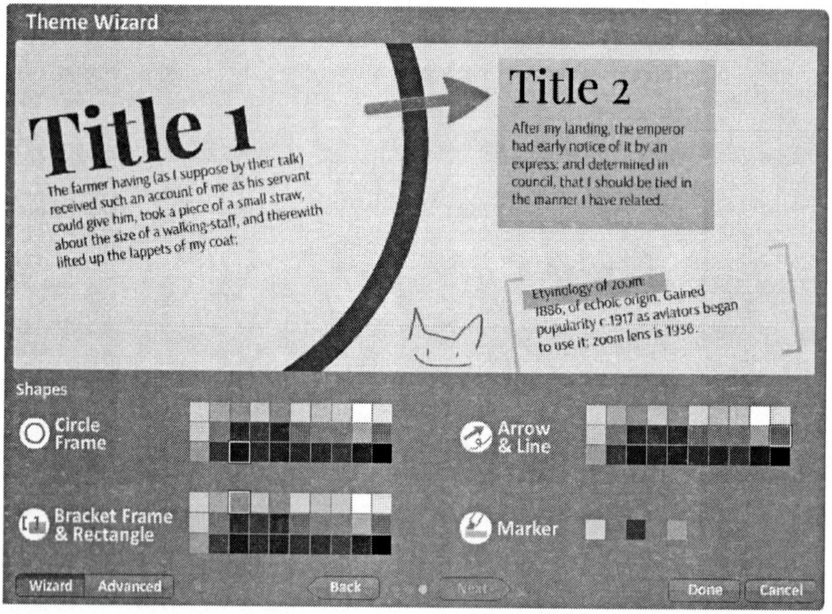

- Choisissez, dans chacune des palettes de couleurs, la couleur des cercles (**Circle Frame**), des formes géométriques (**Bracket Frame & Rectangle**), des lignes et flèches (**Arrow & Line**) et du surligneur (**Marker**).

Le bouton **Advanced** de la fenêtre propose d'affiner les choix de couleurs en saisissant les valeurs colorimétriques ; le lien **Use the Prezi CSS Editor** ouvre la fenêtre d'édition du style CSS :

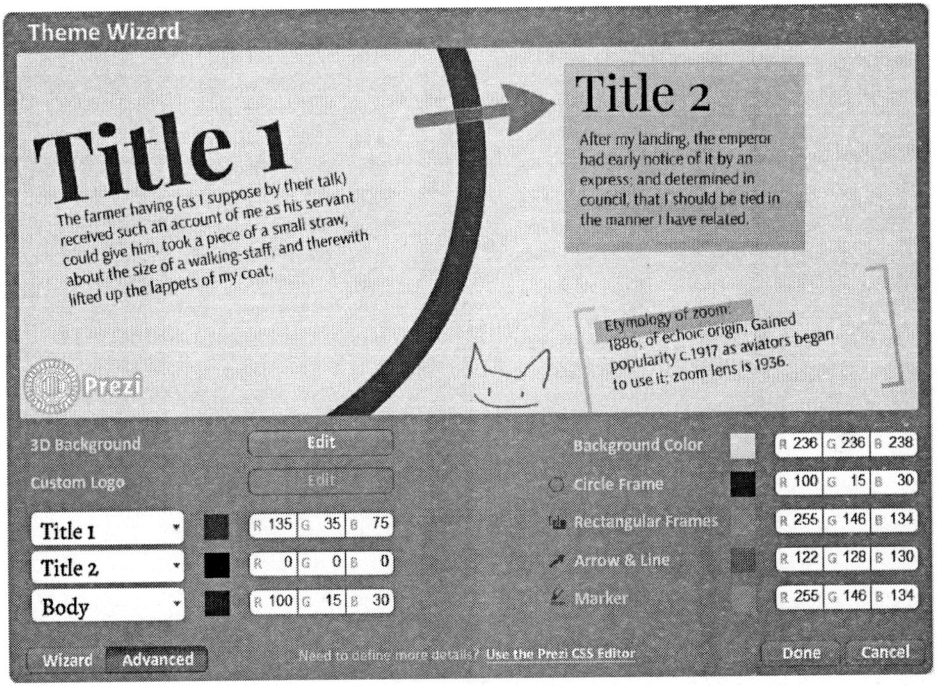

✎ Cliquez sur le bouton **Done** pour appliquer vos choix.

5. Enregistrer un thème

Après avoir effectué les modifications nécessaires sur le thème de votre choix, vous pouvez alors l'enregistrer afin de pouvoir l'utiliser ultérieurement dans d'autres présentations.

Prezi autorise l'enregistrement de cinq thèmes au maximum.

✎ Affichez le volet **Personnaliser** en cliquant sur le menu **Personnaliser**.

✎ En bas du volet, cliquez sur le bouton **Sauvegarder le thème actuel**.

Le thème enregistré apparaît désormais dans le cadre **Vos thèmes**, en bas du volet **Personnaliser** et il sera visible dans toutes les présentations.

✎ Pour supprimer un thème personnalisé, pointez la vignette du thème et cliquez sur l'outil ⊗ visible dans le coin supérieur de la vignette.

6. Renseigner le titre principal

Après avoir créé une présentation, vous devez, dans un premier temps, renseigner le titre principal de la présentation (ce titre sera ensuite repris en tant que nom de fichier de votre présentation que vous pourrez ensuite modifier). Le titre saisi doit correspondre à ce qui sera vu en premier lors de la diffusion de la présentation.

✎ Cliquez sur la zone réservée intitulée **Cliquez pour ajouter un Titre**.

✎ Saisissez ensuite le titre de votre présentation.

- Pour mettre fin à la saisie, cliquez à l'extérieur de la zone de texte ou appuyez sur la touche Echap.

7. Renseigner les autres zones de texte

- Pour compléter les différentes zones de texte des espaces réservés, cliquez sur la vignette des éléments à renseigner dans la barre latérale de gauche afin de les afficher en gros plan.
- Cliquez sur les intitulés des zones de texte proposées et saisissez le texte.
- Pour mettre fin à la saisie, cliquez à l'extérieur de la zone de texte ou appuyez sur la touche Echap.

8. Ajouter un texte libre

- Cliquez sur la scène à l'endroit où vous souhaitez ajouter le texte.

Une zone de saisie s'affiche :

- Selon le niveau de texte que vous souhaitez renseigner, cliquez sur le bouton **Titre**, **Sous-titre** ou **Corps de texte** dans la barre d'outils visible au-dessus de la zone de texte.
- Saisissez le texte et, si besoin, faites glisser le symbole pour agrandir la largeur de la zone de texte.
- Une fois la saisie terminée, cliquez à l'extérieur de la zone de texte ou appuyez sur la touche Echap.

Si le texte que vous souhaitez ajouter est déjà saisi dans un autre programme, vous pouvez, dans ce cas, le copier puis le coller dans une zone de texte de Prezi.

9. Modifier/supprimer une zone de texte

- Pour modifier la largeur d'une zone de texte, double cliquez sur la zone à modifier et faites glisser le symbole vers la gauche ou vers la droite.
- Pour déplacer une zone de texte, cliquez sur la zone de texte puis sur l'outil situé dans la barre d'outils flottante qui apparaît et faites glisser la zone de texte à l'endroit souhaité.

  Si la zone de texte à déplacer est en mode édition, faites glisser la barre d'édition (barre grise située au-dessus de la barre d'outils).

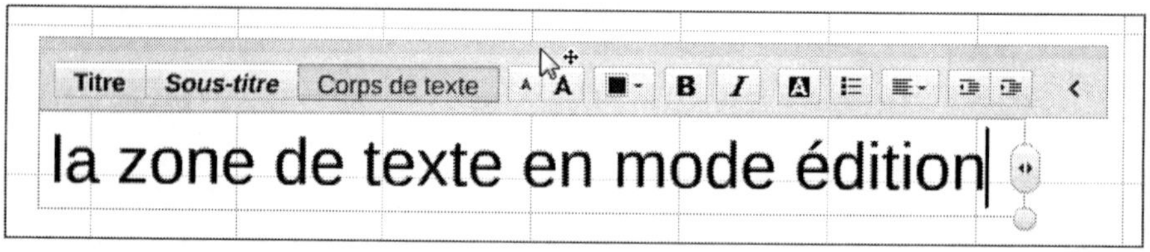

- Pour supprimer la zone de texte, cliquez sur la zone de texte concernée puis sur le bouton **Effacer** ou appuyez sur la touche Suppr.
- Pour modifier le contenu d'une zone de texte ou appliquer des mises en valeur, double cliquez sur la zone de texte pour l'afficher en mode Edition ou cliquez sur la zone de texte puis sur le bouton **Éditer le texte**.

Lorsqu'une zone de texte est éditée, la barre d'outils qui s'affiche propose d'appliquer différents attributs de mise en valeur de texte :

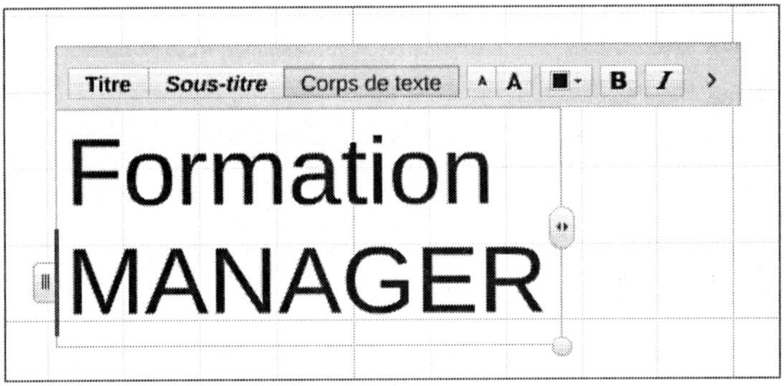

Trois niveaux de titre peuvent être appliqués au texte ; les mises en forme associées à chacun de ses styles (police et couleur de caractères) sont définies dans le thème utilisé et ne peuvent être modifiées qu'en choisissant de personnaliser le thème (cf. Modifier le thème).

✎ Pour appliquer un style de titre, cliquez sur le bouton **Titre**, **Sous-titre** ou **Corps de texte** selon le niveau de titre à attribuer au texte de la zone.

L'application d'un niveau de titre s'applique à l'ensemble du texte de la zone.

✎ Pour augmenter ou réduire la taille des caractères du texte, cliquez, autant de fois que nécessaire, sur l'outil  pour la réduire ou  pour l'augmenter.

Pour modifier la taille du texte, vous pouvez également faire glisser la poignée  de la zone de texte.

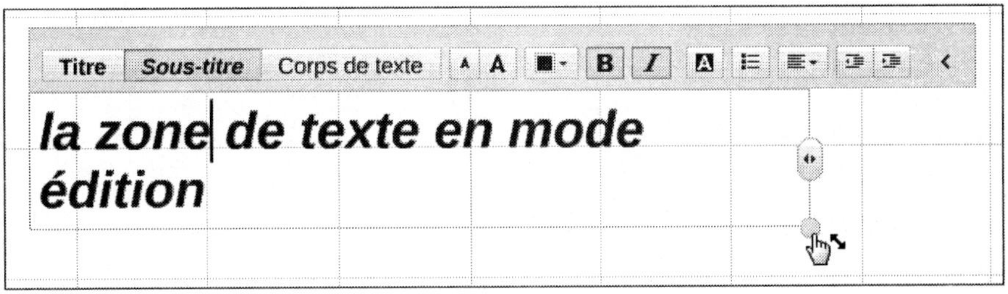

✎ Pour modifier la couleur des caractères d'un texte, sélectionnez les caractères concernés puis cliquez sur l'outil  et sur une des couleurs de la palette de couleurs qui s'affiche.

- Pour mettre en gras et/ou en italique les caractères, sélectionnez les caractères concernés puis cliquez sur l'outil et/ou sur l'outil .
- Pour accéder aux autres outils de mises en valeur, cliquez, si besoin, sur l'outil de la barre d'outils puis sur un des outils suivants :

pour ajouter une couleur de remplissage à la zone de texte. La couleur appliquée est celle qi a été définie dans le thème de la présentation.

pour créer une liste à puce.

pour modifier l'alignement du texte.

pour diminuer le retrait du texte (dans le cas où une mise en retrait a été effectuée).

pour mettre en retrait le texte (éloigne le texte de la marge gauche de la zone de texte).

Pour effectuer une rotation d'une zone de texte, extraire une partie du texte, vérifier l'orthographe ou ajouter un lien hypertexte, reportez-vous au titre Le texte du chapitre Les objets d'une présentation.

Si vous souhaitez ajouter des formes, des images, des vidéos ou importer des fichiers PDF ou autre, nous vous invitons à consulter les titres correspondants du chapitre Les objets d'une présentation.

B. Créer une présentation vierge

Une présentation vierge ne contient aucune mise en page prédéfinie. Il est nécessaire, après avoir créé la présentation de choisir le thème et l'image d'arrière-plan à utiliser et d'ajouter chacun des éléments ainsi que des cadres (cf. Ajouter des cadres) pour regrouper plusieurs informations.

1. Créer une présentation vierge

- Depuis l'onglet **Vos prezis**, cliquez sur le bouton , visible à gauche de votre nom d'utilisateur ou cliquez sur la vignette **Nouveau prezi** de la bibliothèque.

Le bouton n'est pas visible pour les comptes gratuits.

🖎 Dans la fenêtre qui s'affiche, cliquez sur le bouton **Commencer depuis un prezi vierge**.

L'espace de travail, similaire à celui d'une présentation basée sur un modèle, est dépourvu des éléments de mise en page, seul un cadre est proposé au centre de la scène :

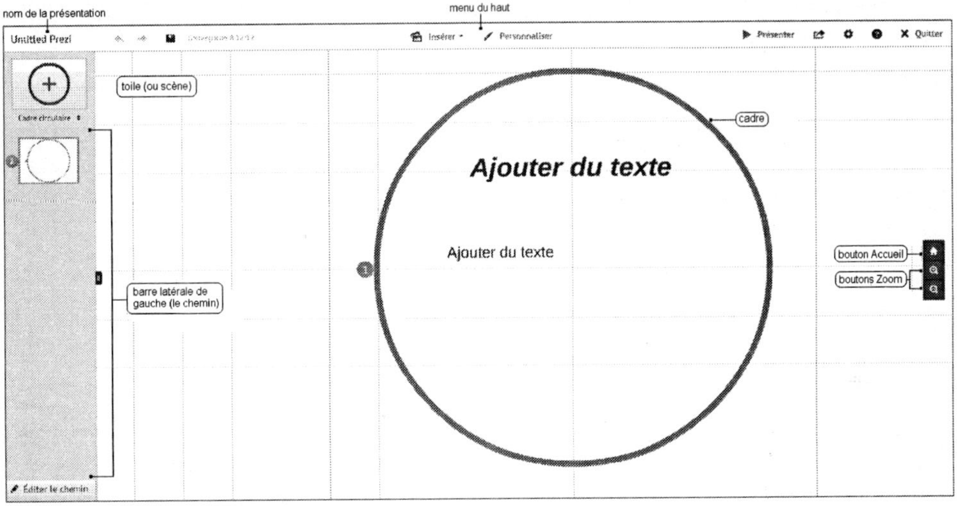

2. Appliquer un thème

L'application d'un thème (choix de l'image d'arrière-plan, couleurs des éléments de la scène...) doit être effectuée avant d'élaborer votre présentation. Bien qu'il soit possible de le modifier par la suite, le changement du thème modifiera la disposition et la taille des éléments obligeant l'utilisateur à corriger ensuite sa mise en page.

🖎 Pour choisir un thème, cliquez sur le menu **Personnaliser**, dans la barre des menus.

🖎 Dans le volet **Personnaliser** qui s'affiche à droite de la fenêtre, sélectionnez un des thèmes proposés ou, pour personnaliser le thème, cliquez sur le bouton **Avancé** visible en bas du volet.

🖎 Si vous avez cliqué sur le bouton **Avancé**, choisissez les attributs de mise en forme des éléments (cf. Créer une présentation à partir d'un modèle - Modifier le thème) puis cliquez sur le bouton **Done** pour appliquer vos choix.

3. Créer un arrière-plan 3D

La création d'un arrière-plan en trois dimensions permet d'amplifier l'impression de profondeur de l'arrière-plan et donne ainsi du relief à la présentation. Pour ce faire, vous pouvez choisir de superposer jusqu'à 3 images. Dans le cas où plusieurs images ont été choisies, elles apparaitront l'une après l'autre avec un effet d'animation fondu à chaque changement de zoom.

Lors des déplacements sur la scène, la ou les images de l'arrière-plan s'ajustent automatiquement.

Seuls les formats d'image JPG et PNG sont acceptés ; pour des résultats optimaux, nous vous conseillons d'utiliser une image dont la largeur est, au minimum, de 3000 pixels.

- Affichez le volet **Personnaliser** en cliquant sur le menu **Personnaliser**.
- En bas du volet, cliquez sur le bouton **Avancé**.
- Pour ajouter une seule image, cliquez, si besoin, sur le bouton **Wizard** de la fenêtre **Theme Wizard**. Cliquez ensuite sur la vignette **Upload** du cadre **3D Background** et double cliquez sur le fichier image à utiliser comme fond d'écran 3D.
- Pour ajouter plusieurs images, cliquez sur le bouton **Advanced** de la fenêtre **Theme Wizard** puis sur le bouton **Edit** en regard de l'option **3D Background**.

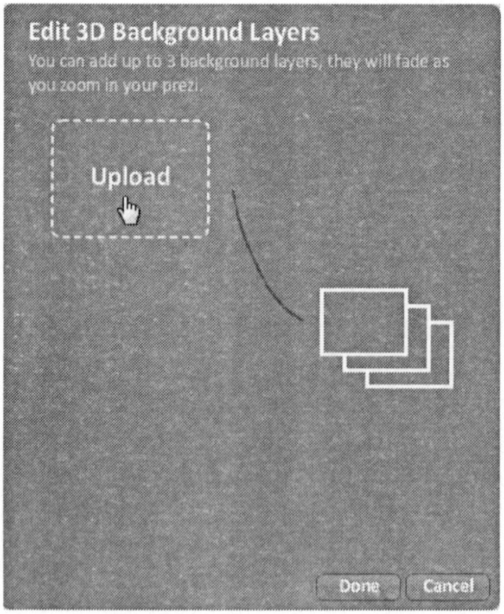

- Cliquez sur la vignette **Upload** et double cliquez sur le fichier de la première image à télécharger.

- Pour télécharger une seconde image, cliquez sur la deuxième vignette **Upload** et double cliquez sur le fichier d'image concerné.
- Pour ajouter une troisième image, cliquez sur la troisième vignette **Upload** et double cliquez sur le fichier d'image concerné.
- Cliquez ensuite sur **Done**.

> *Vous pouvez à tout moment réafficher la fenêtre **Theme Wizard** pour supprimer ou remplacer les images du fond d'écran.*

> *Pour ajouter une seule image d'arrière-plan, vous pouvez également cliquer sur le bouton **Parcourir** visible dans le cadre **Image de fond** du volet **Personnaliser**. Le bouton **Effacer** permet de supprimer l'image ou les images choisies pour l'arrière-plan.*

4. Renseigner le titre principal

Dans une présentation vierge, un seul cadre circulaire est visible sur la scène. Vous pouvez utiliser ce cadre pour commencer à élaborer la présentation ou le supprimer si vous souhaitez ajouter vos propres cadres (cf. Ajouter des cadres).

- Cliquez sur la première zone réservée intitulée **Ajouter un texte** puis saisissez le titre de votre présentation.
- Pour mettre fin à la saisie, cliquez à l'extérieur de la zone de texte ou appuyez sur la touche [Echap].

Vous pouvez compléter de la même façon, la seconde zone réservée intitulée **Ajouter un texte**.

> *Si vous souhaitez supprimer le cadre et les zones réservées qu'il contient, sélectionnez-le en cliquant sur la bordure du cercle puis, dans la barre d'outils qui s'affiche, cliquez sur le bouton **Effacer** ou appuyez sur la touche [Suppr].*

C. Ajouter des cadres

Les cadres sont des outils essentiels à une présentation. En effet, ils peuvent être utilisés comme des espaces réservés à des contenus et permettent de choisir les objets qui seront affichés simultanément. Ils s'apparentent aux diapositives de certains logiciels de PréAO.

Par défaut, chaque objet créé sur la scène est affiché (zoomé) indépendamment les uns des autres. La création d'un cadre permet de regrouper plusieurs objets afin qu'ils soient affichés ensemble lors de la présentation. Grâce à ce regroupement d'objets, il sera alors possible d'ajuster le niveau de zoom commun à ces objets et de leur appliquer un même effet d'animation.

Prezi propose d'ajouter des cadres simples (cf. Ajouter un cadre), des cadres prédéfinis contenant des mises en forme et des espaces réservés pour l'ajout de texte ou d'images (cf. Ajouter un cadre prédéfini) et des cadres plus élaborés permettant de créer des diagrammes comme des organigrammes par exemple (cf. Créer un diagramme).

Une astuce consiste aussi à utiliser les cadres pour avoir une résolution d'écran (4:3 ou 16:9) différente sur une même scène (cf. Modifier la résolution d'écran d'un cadre).

1. Ajouter un cadre

Prezi propose d'ajouter des cadres de formes différentes (cercle, rectangle ou crochets) ou un cadre invisible.

✎ Pour ajouter un cadre, cliquez, dans la partie supérieure du volet gauche, sur le nom du cadre qui s'affiche par défaut.

Si aucun cadre n'a été inséré, le cadre proposé par défaut est **Cadre circulaire** :

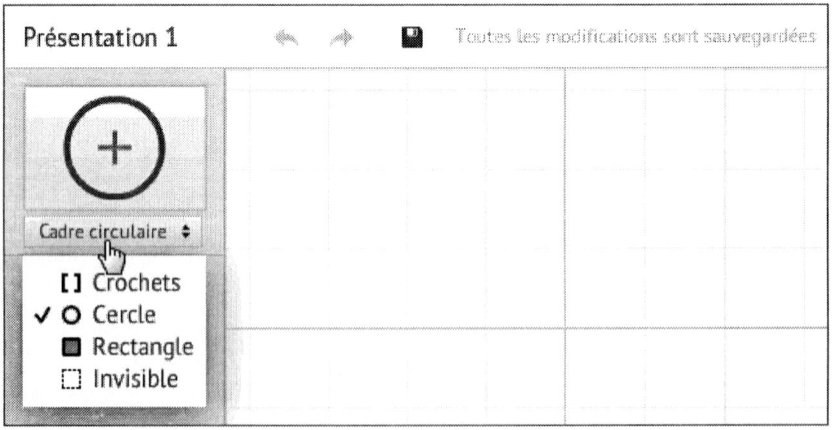

✎ Sélectionnez, dans la liste, le type de cadre à insérer : **Crochets**, **Cercle** ou **Rectangle**.

Le type de cadre choisi apparaît au-dessus de la liste.

✎ Cliquez alors sur la vignette du cadre pour l'ajouter à la scène.

Le cadre a également été ajouté en tant que nouvelle étape du chemin, sa vignette apparaît dans le volet gauche :

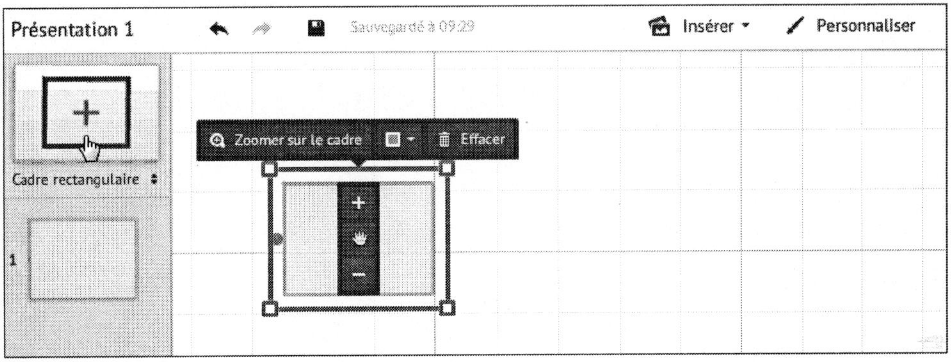

✎ Pour modifier la taille du cadre, faites glisser ses poignées de sélection ; pour le déplacer, cliquez sur l'outil , visible au centre du cadre, et faites-le glisser à l'endroit souhaité.

Vous pouvez également modifier l'orientation du cadre en faisant glisser sa poignée de rotation (visible lorsque le pointeur de la souris est positionné sur une des poignées de sélection).

La modification de la taille du cadre s'appliquera également aux objets qu'il contient.

✎ Pour modifier la forme du cadre, cliquez sur l'outil **Options du cadre** , dans la barre d'outils visible au-dessus du cadre, et choisissez la forme voulue.

La couleur du cadre dépend du thème choisi, pour la modifier, vous devez personnaliser le thème et choisir la couleur dans la section ***Circle Frame*** *(cf. Créer une présentation à partir d'un modèle - Modifier le thème).*

2. Créer un cadre invisible

Le cadre invisible est utile pour afficher, par exemple, les détails d'une image ou d'un bloc de texte ; néanmoins, il sera possible de l'utiliser pour afficher un groupe d'objets.

- Pour ajouter un cadre invisible, cliquez, dans la partie supérieure du volet gauche, sur le nom du cadre qui s'affiche par défaut et sélectionnez l'option **Invisible**.
- Cliquez ensuite sur la vignette du cadre pour l'ajouter à la scène.
- Si besoin, déplacez le cadre en utilisant l'outil  pour le positionner sur l'élément qui devra être zoomé pendant la présentation.

> *Lors de l'édition du chemin, l'option **Ajouter cette vue** crée automatiquement un cadre invisible autour des éléments visibles de la vue.*

3. Ajouter un cadre prédéfini

Les cadres prédéfinis, appelés **Structures**, proposent des mises en page et contenus (texte et/ou images) existants. Il est ensuite possible d'ajouter de nouveaux éléments ou d'en supprimer.

- Ouvrez le menu **Insérer** et sélectionnez l'option **Structures**.

Le volet **Structures** s'affiche à droite de la scène :

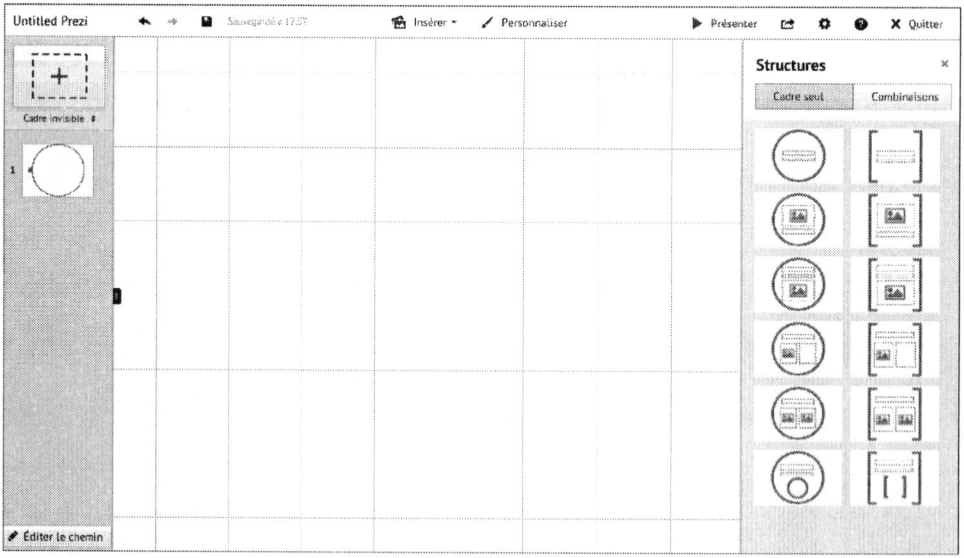

✎ Dans le volet **Structure**, cliquez sur la vignette du cadre à utiliser et faites-la glisser sur la scène.

La vignette du cadre est automatiquement ajoutée au chemin. Les espaces réservés qui apparaissent dans le cadre vous permettent d'ajouter les éléments souhaités. Sur cet exemple, un titre, une zone de texte et une image peuvent être ajoutés :

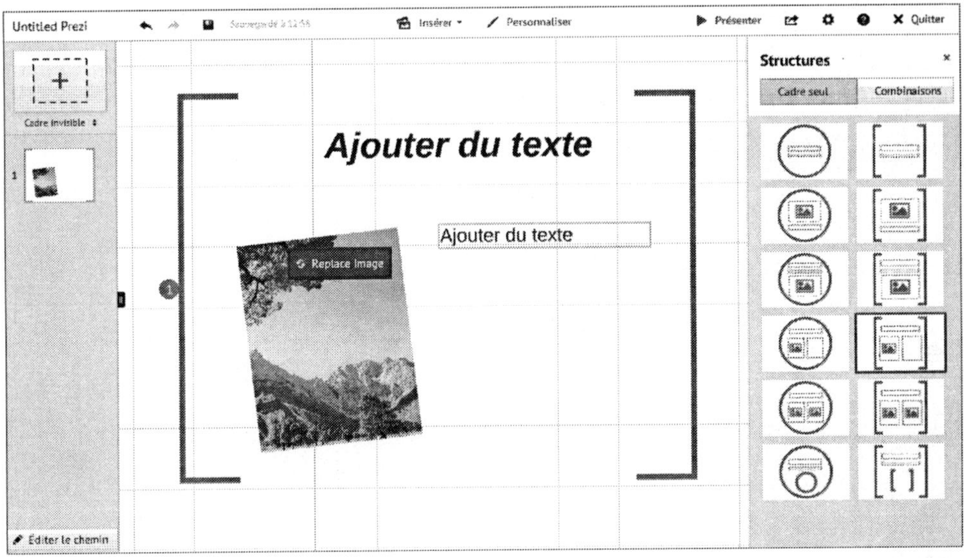

✎ Pour renseigner les éléments texte du cadre, cliquez dans la zone de texte concernée puis saisissez le texte ; si la mise en page du cadre propose une image, cliquez sur l'image pour la sélectionner puis cliquez sur le bouton **Remplacer** de la barre d'outils. Accédez au fichier image et double cliquez sur son nom.

4. Sélectionner un cadre

✎ Pour sélectionner un cadre, il est préférable que celui-ci ne soit pas affiché en plein écran : réduisez, si besoin, le zoom d'affichage à l'aide de la molette de la souris ou en cliquant successivement sur l'outil , visible dans la barre d'outils à droite de l'écran.

✎ Pointez la bordure du cadre.

Une bordure de couleur bleue apparaît autour du cadre :

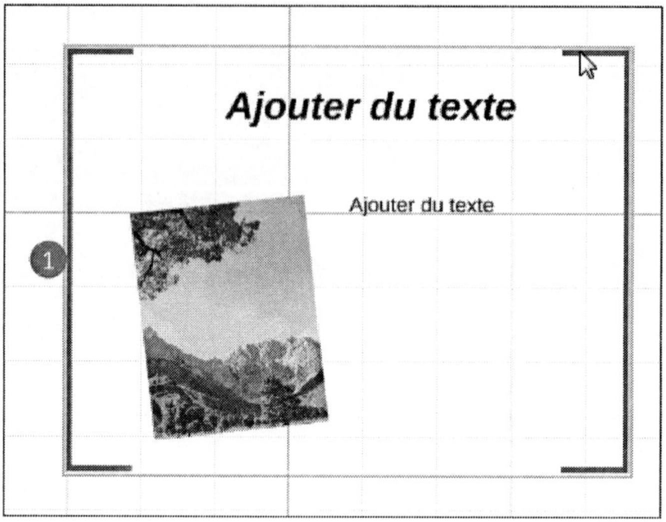

✎ Cliquez ensuite pour sélectionner le cadre.

5. Dupliquer un cadre

Cette méthode permet de reproduire à l'identique un cadre existant (même taille, même contenu).

✎ Si besoin, activez au préalable les raccourcis-clavier en cliquant sur l'outil **Paramètres** ⚙ puis sur le bouton **Oui** dans la section **Activer les raccourcis clavier**.

✎ Sélectionnez le cadre à copier puis utilisez le raccourci-clavier Ctrl D.

✎ Pour dupliquer un cadre tout en inversant son contenu (effet miroir sauf pour le texte), sélectionnez le cadre et utilisez le raccourci Ctrl ⇧ D.

6. Ajouter des objets au cadre

✎ Pour ajouter des objets (images, formes, symbole ou texte), faites-les glisser dans le cadre.

✎ Pour retirer un objet du cadre, sélectionnez-le puis faites-le glisser en dehors du cadre.

7. Modifier un cadre et/ou ses objets

Lorsqu'un cadre est déplacé ou redimensionné, les objets du cadre subissent également cette modification.

- Pour déplacer ou modifier la taille d'un cadre sans déplacer ou modifier la taille de ses objets, sélectionnez le cadre en maintenant la touche Alt.
- Faites glisser ensuite l'outil pour le déplacer ou une de ses poignées de sélection pour le redimensionner.
- Pour agrandir le facteur de zoom d'un cadre, pointez la bordure du cadre et faites un double clic.

8. Supprimer un cadre avec ou sans ses objets

- Pour supprimer un cadre et ses objets, sélectionnez le cadre et cliquez sur le bouton **Effacer** dans la barre d'outils visible au-dessus du cadre ou appuyez sur Suppr.
- Pour supprimer un cadre sans ses objets, cliquez sur l'outil **Options du cadre** et choisissez l'option **Supprimer le cadre**.

9. Dessiner un cadre

Cette méthode permet de tracer un cadre en l'adaptant automatiquement à la taille souhaitée et/ou en englobant directement les objets qu'il doit contenir.

- Cette procédure utilise un raccourci-clavier, vous devez au préalable les activer : cliquez sur l'outil **Paramètres** et cliquez sur le bouton **Oui** de la section **Activer les raccourcis clavier** puis à l'extérieur du menu pour le masquer.
- Si besoin, choisissez le type de cadre à dessiner en cliquant, dans la partie supérieure du volet gauche, sur le nom du cadre qui s'affiche par défaut et sélectionnez, dans la liste, le type de cadre à insérer : **Crochets**, **Cercle**, **Rectangle** ou **Invisible**.
- Selon la forme du cadre à dessiner, appuyez une ou plusieurs fois sur la touche **F** du clavier.

Le pointeur de la souris prend une forme différente selon le type de cadre :

pour dessiner un cadre rectangulaire.

pour dessiner un cadre circulaire.

pour dessiner un cadre de type Crochet.

pour dessiner un cadre invisible.

La forme du cadre choisi s'affiche également sur la vignette dans la barre latérale gauche.

✎ À l'aide d'un cliqué-glissé, tracez le cadre sur la scène ; pour inclure des objets de la scène, tracez le cadre autour de ces objets ; pour adapter la taille du cadre à la résolution d'écran choisie (outil **Paramètres** - format d'écran **4:3** ou **16:9**), tracez le cadre tout en maintenant la touche ⇧ enfoncée.

Sur cet exemple, le cadre dessiné est aux dimensions d'écran **16:9**, l'information est visible dans le coin supérieur du cadre lors du tracé :

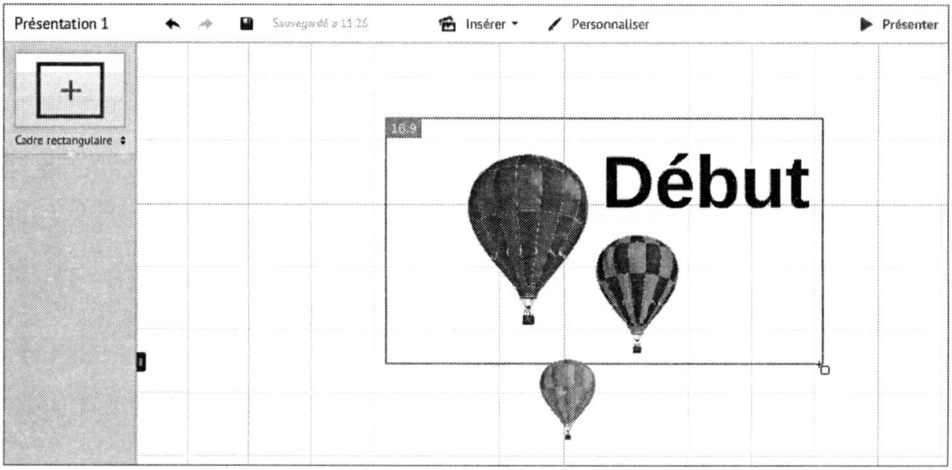

10. Modifier la résolution d'écran d'un cadre

Lorsqu'un cadre est ajouté à la scène, celui-ci s'adapte à la résolution choisie. Cette méthode permet d'avoir des cadres de résolution différente.

✎ Avant d'ajouter un cadre, cliquez sur l'outil **Paramètres** dans la barre des menus et cliquez sur le format d'écran souhaité : **4:3** ou **16:9**.

✎ Ajoutez alors le cadre comme vu précédemment.

✎ Tous les cadres ajoutés seront ajustés à la résolution choisie, pour insérer un cadre basé sur un autre format d'écran, répétez l'opération précédente.

Sur cet exemple, le cadre gauche est adapté au format **4:3** tandis que celui de droite est adapté au format **16:9** :

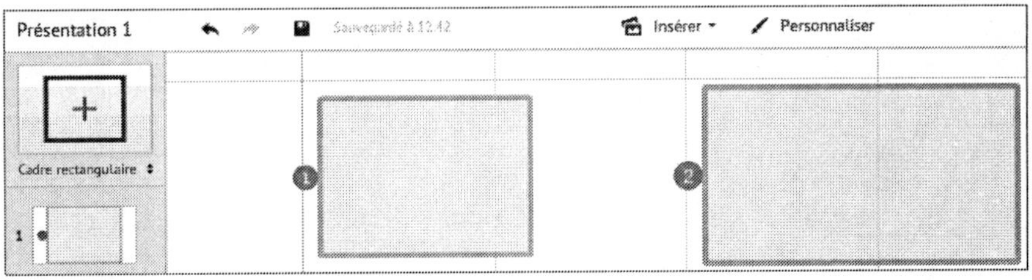

11. Créer un diagramme

Prezi propose de créer des diagrammes constitués d'une combinaison de plusieurs cadres. Il peut s'agir d'un organigramme hiérarchique ou d'un diagramme de processus par exemple.

✎ Affichez le volet **Structures** en choisissant l'option **Structures** dans le menu **Insérer**.

✎ Dans le volet **Structures**, cliquez sur le bouton **Combinaisons**.

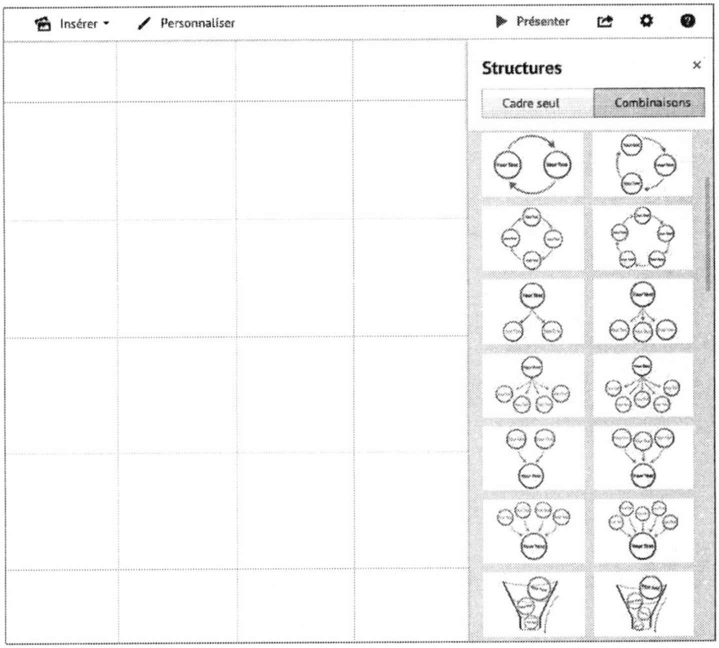

✎ Pour insérer un diagramme, sélectionnez-le et faites-le glisser sur la scène ou faites un double clic sur sa vignette.

Les organigrammes étant constitués d'éléments Prezi regroupés dans un cadre, pour les modifier, utilisez les techniques vues précédemment ; il sera parfois nécessaire de dissocier les éléments groupés au préalable.

D. Modifier le chemin (scénario)

Le scénario consiste à créer un cheminement entre les différents éléments de la scène que Prezi affichera successivement en gros plan en mode Présentation. La diffusion de la présentation pourra donc être automatique ou manuelle. En l'absence de scénario, l'affichage des éléments devra être effectué manuellement par le présentateur.

Vous définissez ainsi l'ordre d'apparition des éléments ou groupes d'éléments de la présentation.

Si vous avez inséré des cadres ou si la présentation est basée sur un modèle, les étapes du scénario apparaissent sous forme de vignettes dans la barre latérale à gauche de la fenêtre ; sur la scène, les étapes correspondantes sont numérotées selon l'ordre dans lequel elles apparaîtront en mode Présentation :

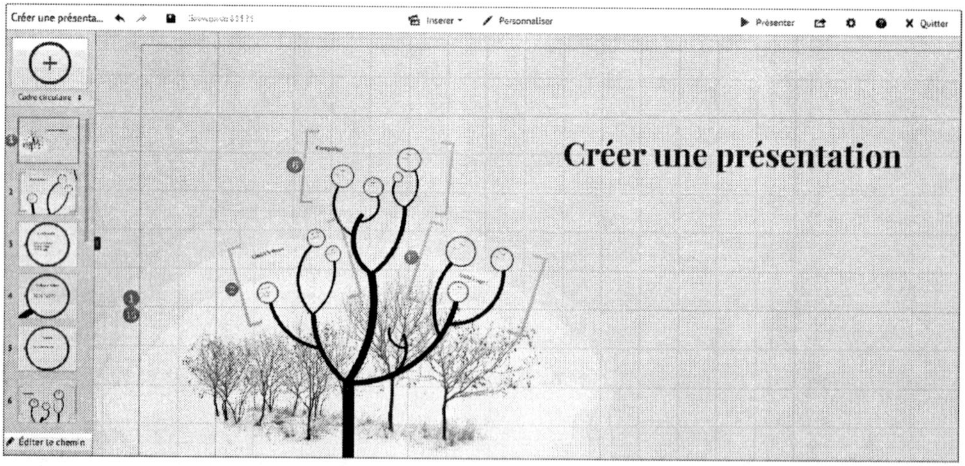

1. Éditer le chemin de la présentation

L'édition du chemin permet d'ajouter ou de modifier les étapes du scénario de la présentation.

✎ Cliquez sur le bouton **Éditer le chemin** dans la partie inférieure de la barre latérale de gauche.

- Ajoutez ou modifiez les étapes existantes (cf. sous-titres suivants).
- Pour quitter l'édition du chemin, cliquez à nouveau sur le bouton **Éditer le chemin**, en bas de la barre latérale de gauche, ou sur le bouton **Terminé** visible dans le volet d'information en haut de la fenêtre.

2. Ajouter une nouvelle étape

- Pour ajouter une nouvelle étape au scénario, affichez, sur la scène, l'élément ou les éléments à ajouter puis, éditez le chemin de la présentation en cliquant sur le bouton **Éditer le chemin** en bas de la barre latérale gauche.
- Pour ajouter un seul élément (ou cadre), positionnez le pointeur de la souris sur l'élément ou le cadre à ajouter.

L'élément pointé apparaît alors dans un cadre bleu et le pointeur de la souris prend la forme suivante , uniquement lorsqu'il est positionné sur un élément qui peut être ajouté au chemin du scénario :

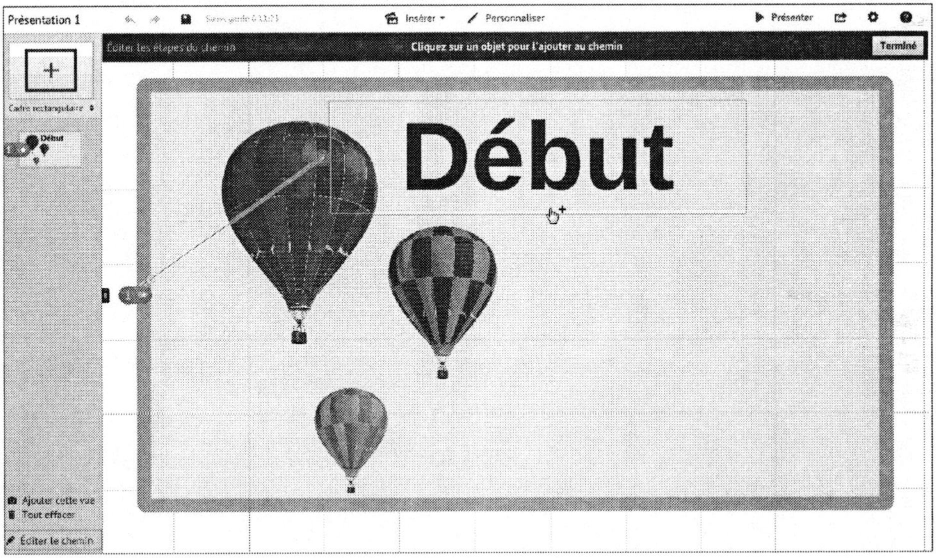

- Cliquez sur l'élément à ajouter au scénario.

L'élément est alors visible en tant que vignette dans le volet gauche de la fenêtre.

- Pour ajouter plusieurs éléments, affichez sur la scène les éléments concernés puis cliquez sur le bouton **Ajouter cette vue**, en bas de la barre latérale gauche.

Les éléments visibles sur la scène sont alors ajoutés comme nouvelle étape ; automatiquement, Prezi crée un cadre invisible regroupant les éléments de la vue.

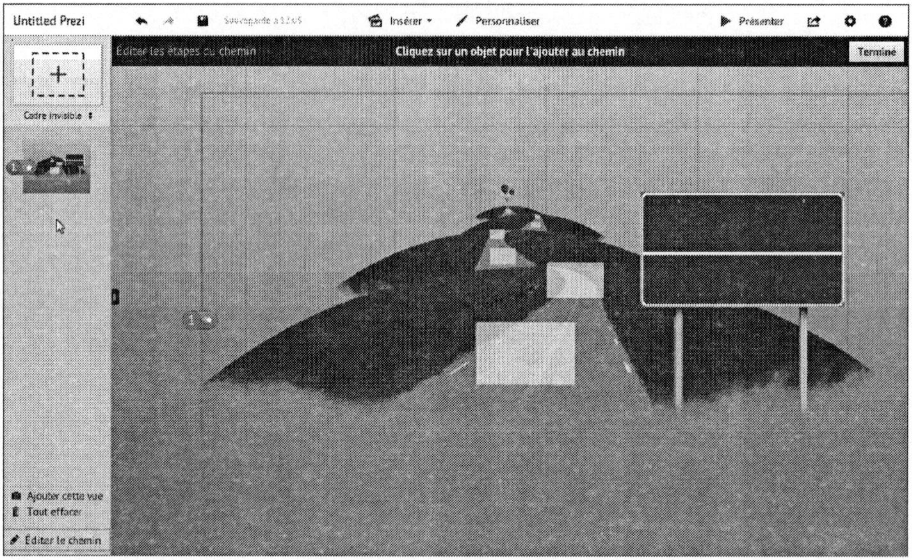

✎ Pour ajouter une étape entre deux étapes existantes, cliquez sur le symbole ⊕ visible sur la trajectoire précédent l'étape avant laquelle la nouvelle doit être ajoutée et faites glisser le symbole sur l'élément à ajouter.

Sur cet exemple, la nouvelle étape est ajoutée entre les étapes 2 et 3 du scénario :

- Quittez ensuite le mode d'édition du chemin en cliquant à nouveau sur le bouton **Éditer le chemin**, en bas de la barre latérale gauche, ou sur le bouton **Terminé** du volet d'information, en haut de la fenêtre.

3. Modifier l'ordre des étapes

- Si besoin, dans la partie inférieure de la barre latérale gauche, cliquez sur le bouton **Éditer le chemin**.
- Pour déplacer une étape, cliquez sur sa vignette dans la barre latérale gauche et faites-la glisser à l'endroit où elle doit apparaître.

Sur cet exemple, la dernière étape est positionnée en première position :

- Quittez ensuite le mode d'édition du chemin en cliquant à nouveau sur le bouton **Éditer le chemin**, en bas du volet gauche, ou sur le bouton **Terminé** visible dans le volet d'information en haut de la fenêtre.

4. Supprimer une étape

- Si besoin, dans la partie inférieure du volet gauche, cliquez sur le bouton **Éditer le chemin**.
- Pour supprimer une étape, pointez sa vignette dans le volet gauche de la fenêtre et cliquez sur le symbole ⊗ qui s'affiche dans la partie supérieure de la vignette.

Sur cet exemple, la troisième étape va être supprimée :

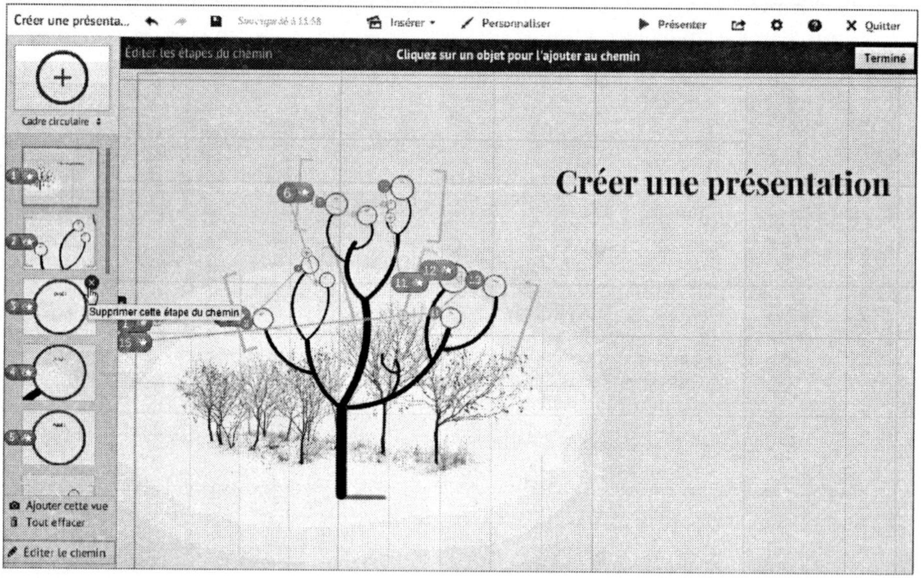

Vous pouvez également, sur la scène, faire glisser le numéro de l'étape à l'extérieur pour la supprimer ; sur cet exemple, la quatrième étape va être supprimée :

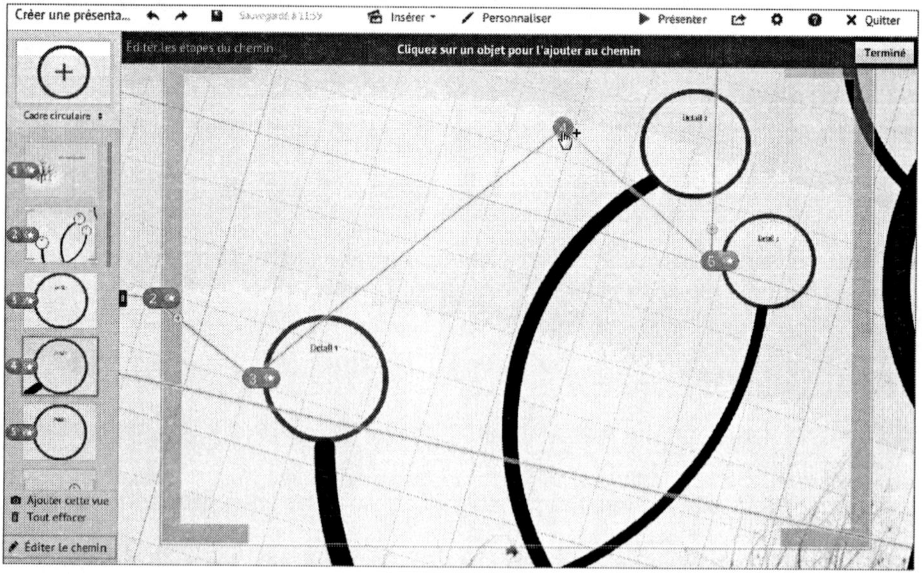

- Pour supprimer toutes les étapes du scénario, cliquez sur le bouton **Tout effacer**, en bas de la barre latérale gauche.
- Quittez ensuite le mode d'édition du chemin en cliquant à nouveau sur le bouton **Éditer le chemin**, en bas du volet gauche, ou sur le bouton **Terminé** visible dans le volet d'information en haut de la fenêtre.

E. Ajouter des effets d'animation

Les effets d'animation proposés par Prezi sont uniquement des effets d'apparition, ils permettent d'afficher successivement les objets pendant la présentation. Ces effets ne peuvent s'appliquer qu'aux objets contenus dans un cadre (cf. Ajouter des cadres).

- Si les éléments à animer sont déjà présents dans un cadre, dans le volet gauche, sélectionnez la vignette du cadre concerné par l'animation puis faites un clic droit sur la vignette et sélectionnez l'option **Animer le contenu du cadre**.
- Si les éléments concernés par l'animation n'ont pas été ajoutés à un cadre, affichez la vue de ces éléments puis cliquez sur le bouton **Éditer le chemin** puis sur le bouton **Ajouter cette vue**, dans la partie inférieure du volet gauche, afin que Prezi les intègre à un cadre invisible.
- Cliquez ensuite sur le symbole  visible à droite du numéro de la séquence (sur la scène ou sur sa vignette dans la barre latérale gauche).

La fenêtre **Animation** s'ouvre et affiche tous les éléments du cadre :

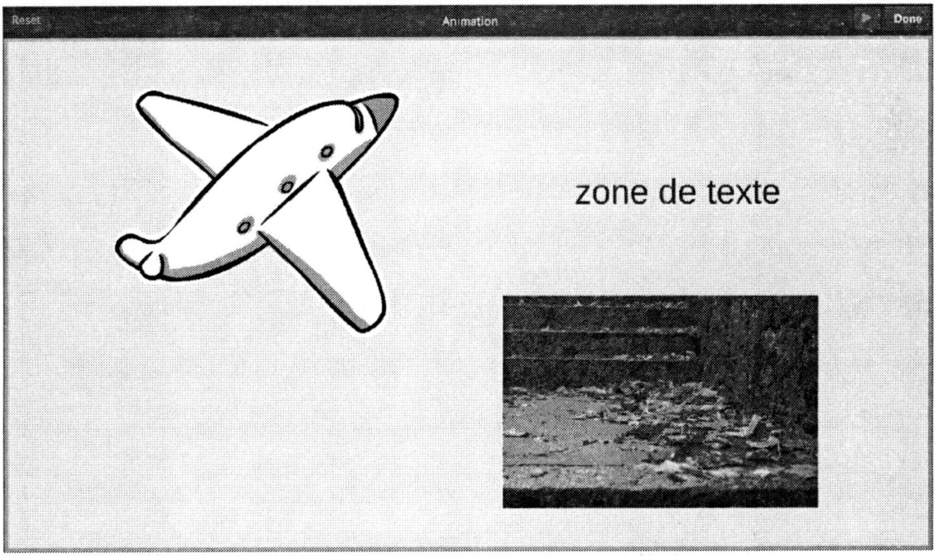

- Cliquez sur chacun des éléments dans l'ordre où ils devront apparaître pendant la présentation.

Le symbole apparaît à gauche des éléments, le numéro indique l'ordre dans lequel les éléments s'afficheront :

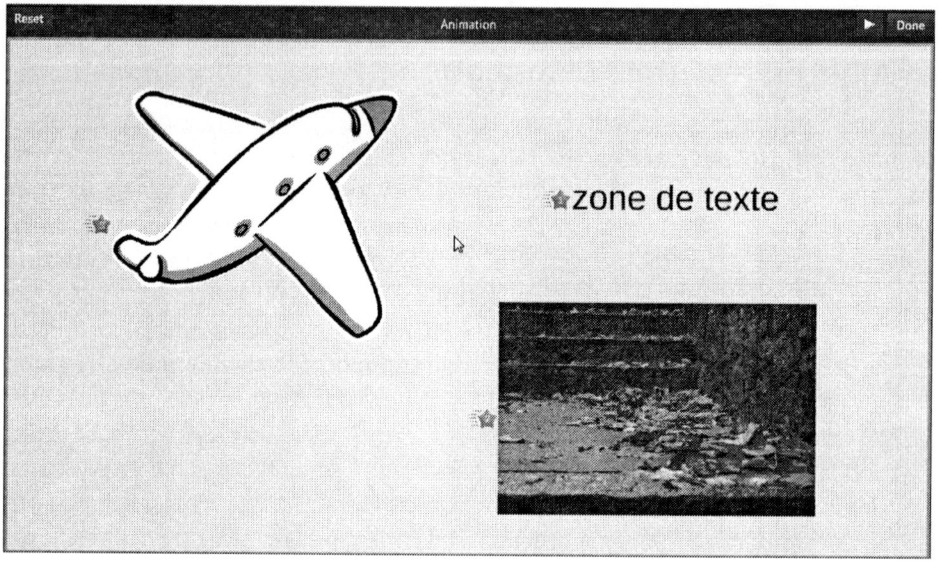

Le bouton permet de lire l'animation.

- Pour supprimer une animation, pointez le symbole puis cliquez sur le symbole qui apparaît ; pour supprimer toutes les animations, cliquez sur le bouton **Reset**.
- Lorsque toutes les animations ont été effectuées, cliquez sur le bouton **Done**.

F. Utiliser le mode Présentation

Le mode Présentation permet de visionner la présentation avant de la publier et, dans le cas d'une présentation avec déroulement automatique, de choisir le temps d'affichage de chaque séquence.

- Cliquez sur **Présenter**, visible dans la barre des menus, en haut de l'écran.

Le mode **Présentation** s'affiche en plein écran ; un message vous proposant d'activer les raccourcis-clavier peut apparaître, il est préférable de les autoriser pour pouvoir les utiliser dans ce mode.

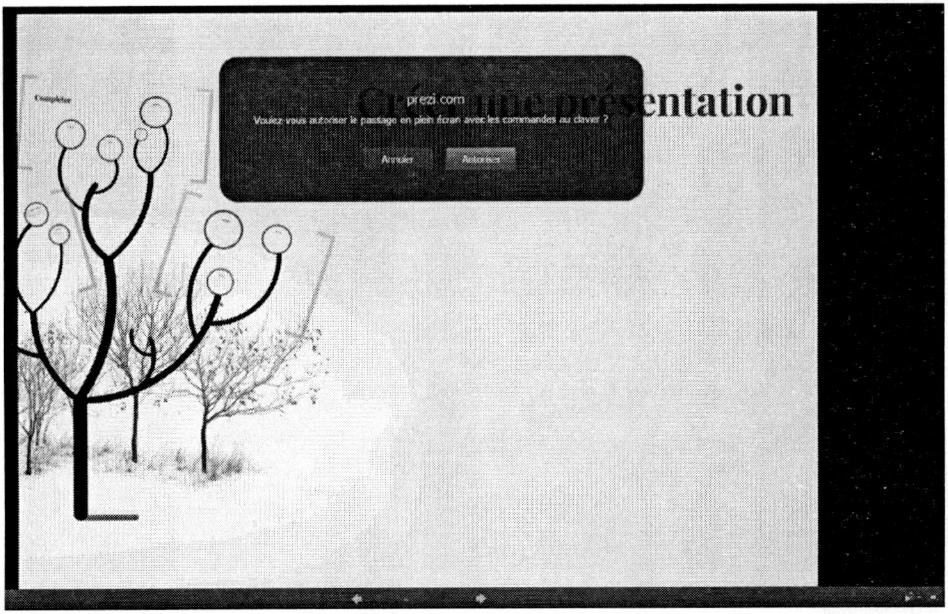

- Pour agrandir le zoom d'affichage d'un élément, cliquez sur l'élément concerné ; pour réduire le zoom d'affichage, cliquez sur un espace vide de la scène.

Vous pouvez également utiliser la molette de souris pour agrandir ou réduire le zoom d'affichage ou utilisez les outils  et  visible dans la barre d'outils lorsque le pointeur de la souris est positionné à droite de l'écran.

- Pour suivre le déroulement du scénario, cliquez sur les outils  et  en bas de la fenêtre ou, si vous avez activé les raccourcis-clavier, utilisez les touches ← et →.
- Pour automatiser le déroulement du scénario lorsque la présentation sera projetée, cliquez sur l'outil  (en bas et à droite de l'écran) et choisissez la durée d'affichage de chaque vue : **20 sec**, **10 sec** ou **4 sec**.

L'option **Off** permet d'annuler la diffusion automatique :

L'outil permet d'afficher en plein écran la séquence active en mode Édition.

✎ Pour revenir en mode Édition, appuyez sur la touche [Echap] ou pointez le coin supérieur droit de l'écran et cliquez sur l'outil .

G. Projeter une présentation

Lorsque toutes les étapes du scénario et les effets d'animation ont été réalisés, vous pouvez alors lancer le diaporama de la présentation pour la présenter à votre auditoire.

Cette procédure nécessite une connexion Internet puisqu'elle sera effectuée depuis votre bibliothèque de présentation en ligne ; si vous souhaitez la projeter sans connexion, il sera nécessaire dans ce cas de télécharger la présentation au préalable (cf. Projeter une présentation en local). Si vous avez installé l'application Prezi Desktop (uniquement pour les abonnements payants), vous pouvez vous reporter au titre Publier une présentation sans connexion Internet du chapitre Découvrir Prezi Desktop.

1. Projeter une présentation

✎ Depuis votre bibliothèque de présentations en ligne (onglet **Vos prezis**), cliquez sur la vignette de la présentation à diffuser.

Automatiquement, le téléchargement de la présentation démarre dans un nouvel onglet :

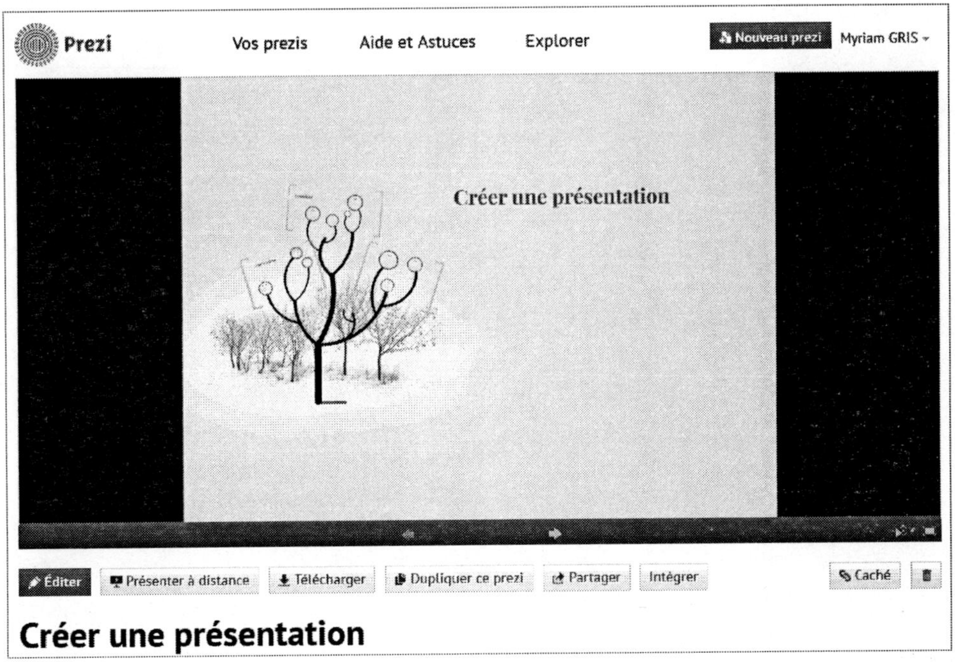

Cliquez sur [icône] pour afficher la présentation en plein écran.

Depuis cette fenêtre, vous pouvez utiliser les procédures vues précédemment (cf. Utiliser le mode présentation) pour vérifier le bon fonctionnement de la présentation. L'outil [icône] est également présent pour choisir la durée d'affichage des vues.

Pour mettre fin à la présentation, appuyez sur la touche [Echap].

2. Utiliser les raccourcis-clavier

Si vous avez choisi d'activer les raccourcis-clavier, vous pouvez utiliser ceux que nous vous indiquons ci-après pendant la diffusion de la présentation :

[→] affiche la séquence suivante (selon le chemin défini).

[←] affiche la séquence précédente (selon le chemin défini).

[↑] augmente le zoom d'affichage.

[↓] réduit le zoom d'affichage.

Espace affiche la séquence suivante (uniquement en mode Plein écran).

B noircit l'écran ; déplacez ensuite le pointeur de la souris ou appuyez sur une autre touche pour revenir à la présentation.

Echap met fin à la présentation.

3. Présenter à distance à plusieurs participants

La présentation peut être diffusée à distance à plusieurs participants (30 personnes maximum). Après leur avoir envoyé le lien de la présentation par e-mail, les participants pourront se connecter à la présentation en ligne.

Cette procédure est à effectuer au moment où vous souhaitez diffuser votre présentation, le lien envoyé aux participants expirant 10 minutes après son envoi.

- Depuis votre bibliothèque de présentations en ligne (onglet **Vos prezis**), cliquez sur la vignette de la présentation à diffuser.
- Cliquez ensuite sur la présentation que vous souhaitez diffuser puis sur le bouton **Présenter à distance**.

- Copiez le lien qui s'affiche dans la zone de saisie en cliquant sur le bouton **Copier**, visible en regard du lien, puis envoyez-le par e-mail aux participants.

Le lien est actif durant 10 minutes après son envoi. Les participants ayant reçu l'e-mail, devront cliquer sur le lien pour afficher la présentation après s'être connectés à leur compte Prezi. S'ils ne disposent pas de compte, Prezi leur proposera un formulaire d'inscription.

✎ Après avoir eu confirmation que les participants ont bien reçu et ouvert le lien envoyé, cliquez sur le bouton **Commencer la présentation**.

4. Projeter une présentation en local

Cette procédure consiste à enregistrer dans un fichier compressé la présentation à diffuser ainsi que l'outil nécessaire à sa diffusion. Le fichier ainsi téléchargé pourra ensuite être copié sur un poste de travail même si ce dernier ne dispose pas de connexion Internet. La diffusion de la présentation n'utilisant pas de connexion Internet, les vidéos YouTube ne seront donc pas présentes dans la version téléchargée.

✎ Depuis votre bibliothèque de présentations en ligne (onglet **Vos prezis**), cliquez sur la vignette de la présentation concernée.

✎ Cliquez ensuite sur le bouton **Télécharger**.

La fenêtre suivante s'affiche :

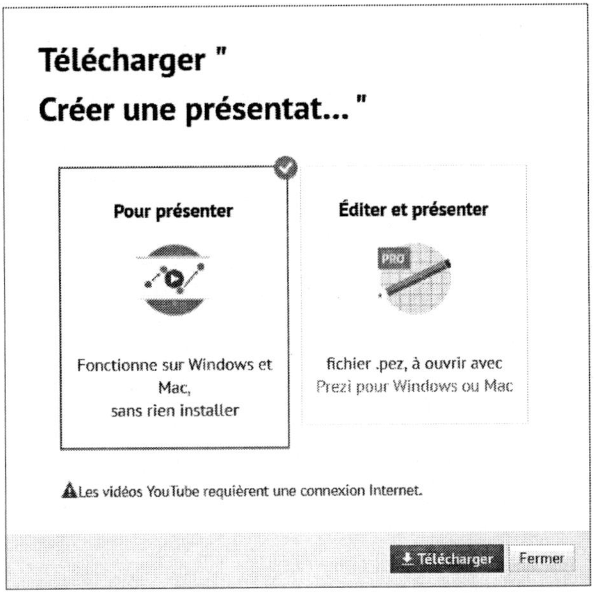

✎ Cliquez, si besoin, sur la vignette **Pour présenter** pour la sélectionner.

La vignette **Éditer et présenter** permet de télécharger la version éditable (modifiable) de la présentation qui pourra ensuite être ouverte dans l'application Prezi Desktop (uniquement pour les abonnements payants).

✎ Cliquez sur le bouton **Télécharger**.

✎ Pour lancer la projection de la présentation, décompressez le fichier qui vient d'être enregistré puis ouvrez le dossier et double cliquez sur le fichier **Prezi.exe**.

La présentation se lance alors.

✎ Cliquer sur l'outil pour l'afficher en plein écran.

Le fichier compressé peut être envoyé par e-mail ou copié sur un autre support si la présentation doit être diffusée sur un autre poste par exemple.

H. Imprimer une présentation

Pour imprimer une présentation, elle doit être convertie au préalable en fichier PDF avant d'être imprimée. Chaque étape du scénario (chemin) sera imprimée sur une page différente.

Si vous souhaitez imprimer les pages de la présentation dans un tout autre ordre que celui défini et éviter d'imprimer des étapes au contenu similaire, nous vous conseillons, le cas échéant, d'éditer le chemin et de le modifier en conséquence avant de procéder à sa conversion.

✎ Dans le menu du haut, cliquez sur l'icône et sélectionnez l'option **Télécharger en PDF**.

La conversion des étapes du chemin en page s'affiche sous le nom de l'option :

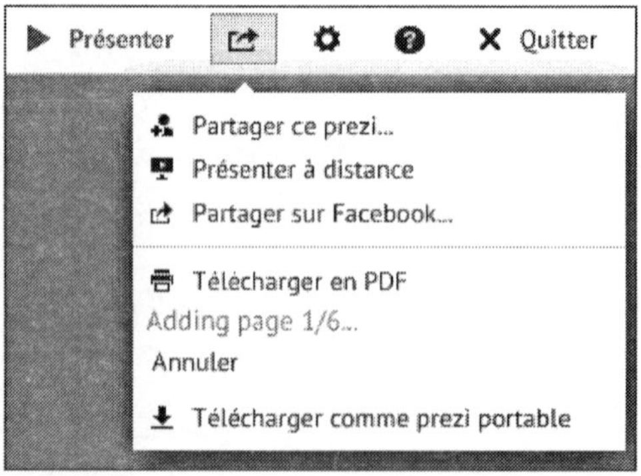

Lorsque la conversion est terminée, l'intitulé **Finished all pages** s'affiche sous le nom de l'option.

- Pour enregistrer le fichier PDF, cliquez sur l'option **Sauvegarder en PDF**. Choisissez le dossier dans lequel vous souhaitez enregistrer le fichier et renseignez son nom dans la zone **Nom du fichier**. Cliquez ensuite sur le bouton **Enregistrer**.
- Ouvrez ensuite le fichier PDF enregistré dans Adobe Reader et, pour l'imprimer, choisissez l'option **Imprimer** du menu **Fichier** ou utilisez le raccourci-clavier Ctrl **P**.

Chapitre 4
Découvrir Prezi Desktop

A. Introduction

Prezi Desktop est l'application bureau de Prezi qui peut être installée en local sur un ordinateur PC ou Macintosh pour les utilisateurs disposant d'une licence Pro ou Edu Pro.

Avec Prezi Desktop, vous pouvez créer, modifier ou afficher vos présentations sans connexion Internet.

Cette application permet également :

- d'ouvrir des fichiers Prezi au format **.pez** téléchargés sur le site Prezi ou enregistrés via l'application Prezi Desktop ;
- d'enregistrer et de partager des fichiers **.pez** ;
- de télécharger et de synchroniser vos présentations Prezi dans l'éditeur en ligne.

B. Installer l'application

L'application Prezi Desktop peut être installée sur les ordinateurs PC ou Macintosh et également sur les Netbooks. L'application est disponible pour iPhone et iPad depuis l'AppStore quelle que soit la licence souscrite, cependant, cette version permet seulement de visualiser et de présenter vos présentations.

Pour installer l'application, vous devez avoir un compte Prezi et une licence Pro ou Edu Pro.

- Connectez-vous à votre compte Prezi et, si besoin, affichez la bibliothèque des présentations en activant l'onglet **Vos prezis**.
- Dans le volet gauche de la bibliothèque, cliquez sur le lien **Télécharger Prezi pour Windows** (ou **Macintosh**).

✎ Enregistrez le fichier d'installation.

✎ Une fois le fichier téléchargé, accédez à son emplacement (généralement dans le dossier **Téléchargements**) puis double cliquez sur le fichier **Install_Prezi_*n°version*.exe** pour lancer l'installation de l'application.

✎ Si besoin, choisissez, dans la liste, une autre langue pour l'application et cliquez sur OK.

L'assistant d'installation démarre :

✎ Cliquez sur le bouton **Suivant**.

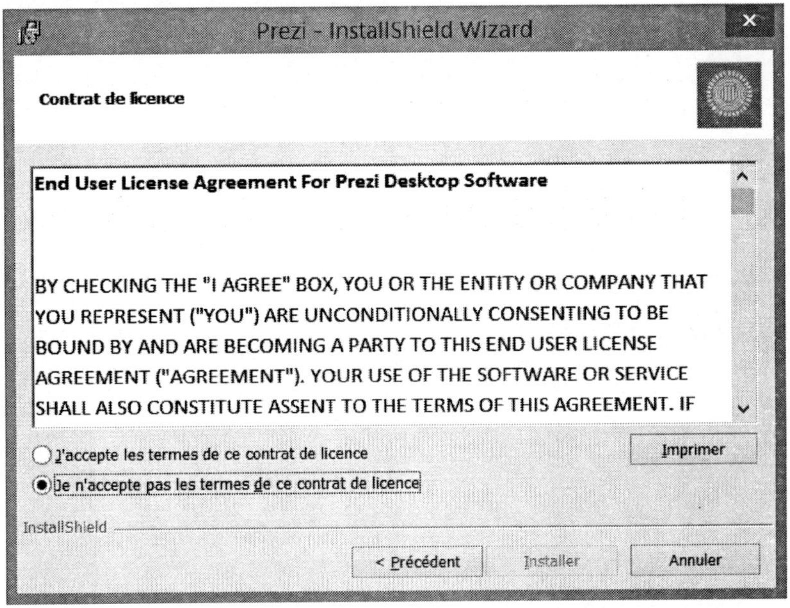

✎ Pour pouvoir installer l'application, vous devez accepter le contrat de licence : activez l'option **J'accepte les termes de ce contrat de licence** puis cliquez sur le bouton **Installer**.

L'installation des fichiers se lance. Si un message de contrôle du compte d'utilisateur s'affiche, cliquez, dans ce cas, sur le bouton **Oui**.

Lorsque la copie des fichiers est terminée, la fenêtre suivante s'affiche :

✎ Cliquez sur **Terminer**.

*Pour télécharger le fichier d'installation d'un autre système d'exploitation, accédez à la page http://prezi.com/desktop et cliquez sur le lien (en dessous de l'image de présentation) correspondant au système d'exploitation puis sur le bouton **Télécharger**.*

C. Lancer Prezi

- Pour lancer l'application Prezi, double cliquez sur l'icône du raccourci qui a été ajouté sur le bureau de Windows.

Lorsque vous lancez l'application la première fois, Prezi vous demande de vous connecter à votre compte Prezi :

- Renseignez votre adresse de messagerie et votre mot de passe puis cliquez sur le bouton **Connexion au compte**.

Le logo permet de vous connecter avec vos identifiants Facebook.

Une fois la connexion établie, la bibliothèque Prezi s'ouvre.

D. Découvrir la bibliothèque de Prezi Desktop

Après avoir lancé Prezi Desktop, la bibliothèque Prezi de l'utilisateur s'affiche :

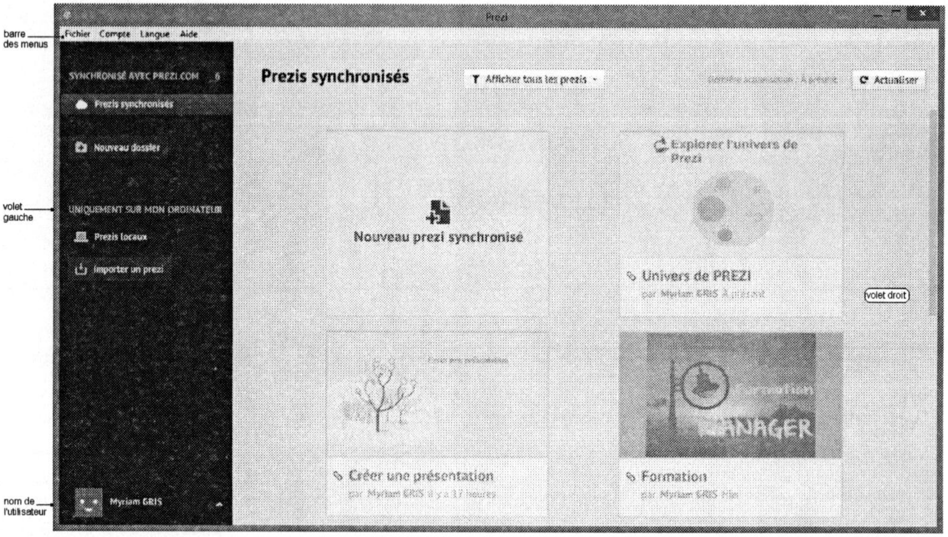

1. Barre de menus

Menu **Fichier**	propose de créer une nouvelle présentation enregistrée sur l'ordinateur, d'ouvrir une présentation Prezi (fichiers au format **.pez**) et de fermer l'application.
Menu **Compte**	permet de souscrire à la licence Pro et de se déconnecter.
Menu **Langue**	permet de choisir une autre langue pour l'application.
Menu **Aide**	donne accès à l'aide en ligne de Prezi, aux manuels d'apprentissage du logiciel et aux mises à jour.

2. Volet gauche

Le volet gauche de la bibliothèque propose différentes options d'accès :

Prezis synchronisés : affiche l'ensemble des présentations enregistrées en ligne (y compris celles contenues dans des dossiers). Lorsque les vignettes de ces présentations sont grisées, cela signifie que les présentations ne sont pas disponibles hors connexion et elles ne pourront donc pas être éditées dans l'application. Pour qu'une présentation soit accessible depuis l'application Prezi Desktop, pointez sa vignette et cliquez sur le bouton **Télécharger** qui apparaît.

Nouveau dossier : permet de créer un dossier afin de classer les présentations réalisées en ligne.

Prezis locaux : affiche les présentations enregistrées sur le poste de travail qui n'ont pas encore été synchronisées dans votre bibliothèque en ligne sur Prezi.com.

Importer un prezi : permet d'ouvrir un fichier Prezi stocké sur le poste de travail.

3. Nom de l'utilisateur

La liste associée au nom de l'utilisateur connecté permet à l'utilisateur de se connecter ou de se déconnecter de son compte Prezi, de changer d'offre et d'accéder aux paramètres de son compte.

4. Volet droit

Le volet droit de la fenêtre affiche la liste des présentations Prezi (synchronisées ou locales selon l'option choisie dans le volet gauche) et des dossiers ainsi qu'une icône permettant de créer un **Nouveau prezi synchronisé** ou un **Nouveau prezi local**.

Le bouton **Actualiser**, visible dans la partie supérieure des **Prezis synchronisés**, permet de mettre à jour l'affichage des présentations en ligne selon les modifications effectuées avec Prezi Online.

Chaque présentation est représentée sous forme de vignette sur laquelle le nom de la présentation, celui de l'auteur et la date de la dernière modification sont indiqués.

Les outils 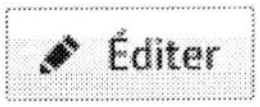

et 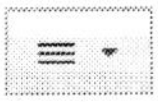 apparaissent également lorsque le pointeur de la souris est positionné sur la vignette :

permet d'ouvrir la présentation en mode Édition en vue de la modifier.

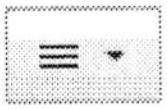 propose les options suivantes ; ces options peuvent être différentes selon s'il s'agit d'une présentation enregistrée en ligne ou sur le poste de travail.

Sur cet exemple, ce sont les options proposées pour une présentation enregistrée localement :

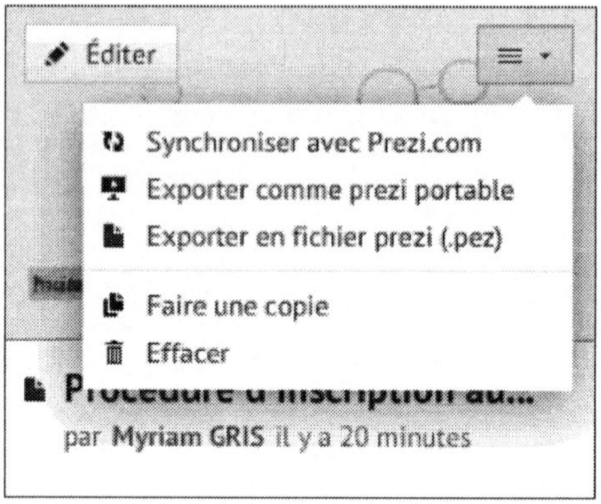

Synchroniser avec Prezi.com : permet de déplacer la présentation dans votre bibliothèque du site Prezi.com ; la présentation ne sera donc plus visible dans la liste **Prezis locaux**.

Exporter comme prezi portable : permet d'enregistrer une copie de la présentation ainsi que l'outil permettant sa diffusion sous forme de fichier compressé. Lorsque le fichier est décompressé, il permet seulement de lancer la présentation sans possibilité de la modifier. Il ne sera pas nécessaire pour l'utiliser d'avoir une connexion Internet ou un compte Prezi.

Exporter en fichier prezi (.pez) : enregistre la présentation en tant que fichier Prezi au format **.pez** afin de pouvoir l'ouvrir dans n'importe quelle application Prezi Desktop via le bouton **Importer un prezi** (dans le volet gauche de la bibliothèque).

Faire une copie : pour copier la présentation.

Effacer : supprime la présentation.

Sur cet exemple, ce sont les options proposées pour une présentation en ligne :

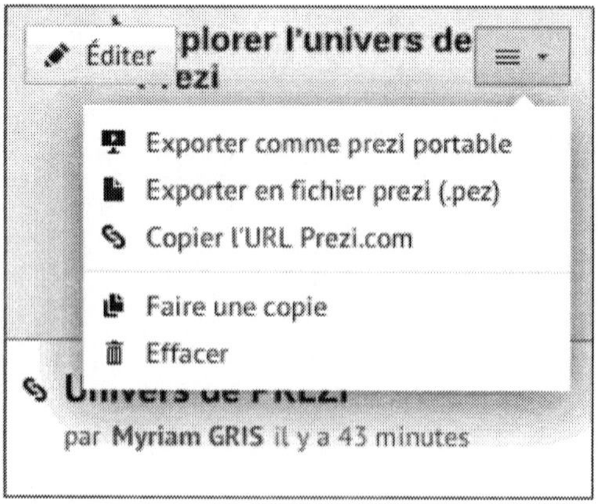

Copier l'URL Prezi.com : permet d'afficher l'adresse URL de la présentation afin de pouvoir la copier et l'envoyer aux destinataires de votre choix.

E. Synchroniser des présentations en ligne

Les présentations créées en ligne sont visibles dans la vue **Prezis synchronisés** mais, par défaut, leur vignette est grisée ce qui signifie qu'elles n'ont pas été encore téléchargées sur l'ordinateur et elles ne peuvent donc pas être éditées dans l'application Prezi Desktop. Pour pouvoir les modifier, il faut synchroniser ces présentations avec l'ordinateur.

- Dans la bibliothèque de Prezi Desktop, sélectionnez **Prezis synchronisés** dans le volet gauche.
- Dans le volet droit, pointez la vignette (grisée) d'une présentation et cliquez sur le bouton **Télécharger** qui apparaît au centre de la vignette.

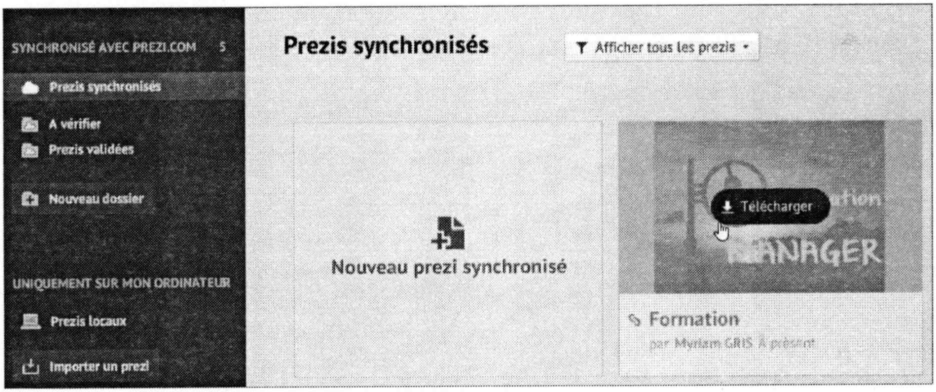

Le téléchargement démarre :

Une fois le téléchargement terminé, la vignette apparaît clairement.

La présentation peut être ouverte et modifiée dans l'application, les modifications effectuées sont alors automatiquement synchronisées avec sa version en ligne.

> *Prezi effectue une synchronisation automatique des présentations téléchargées à chaque ouverture d'une présentation ou si vous cliquez sur le bouton* **Actualiser** *visible en haut du volet droit.*

F. Créer/ouvrir une présentation

1. Créer une présentation locale

Nous vous rappelons que les présentations enregistrées sur le poste de travail ne seront disponibles en ligne uniquement si vous choisissez par la suite de les synchroniser.

✎ Depuis la bibliothèque de Prezi Desktop, sélectionnez **Prezis locaux** dans le volet gauche puis, dans le volet droit, cliquez sur la vignette **Nouveau prezi local**.

Prezi vous propose une liste de 12 modèles prédéfinis les plus récents (**Latest**) ; une liste de modèles **Recommandés** est visible dans le volet droit de la fenêtre :

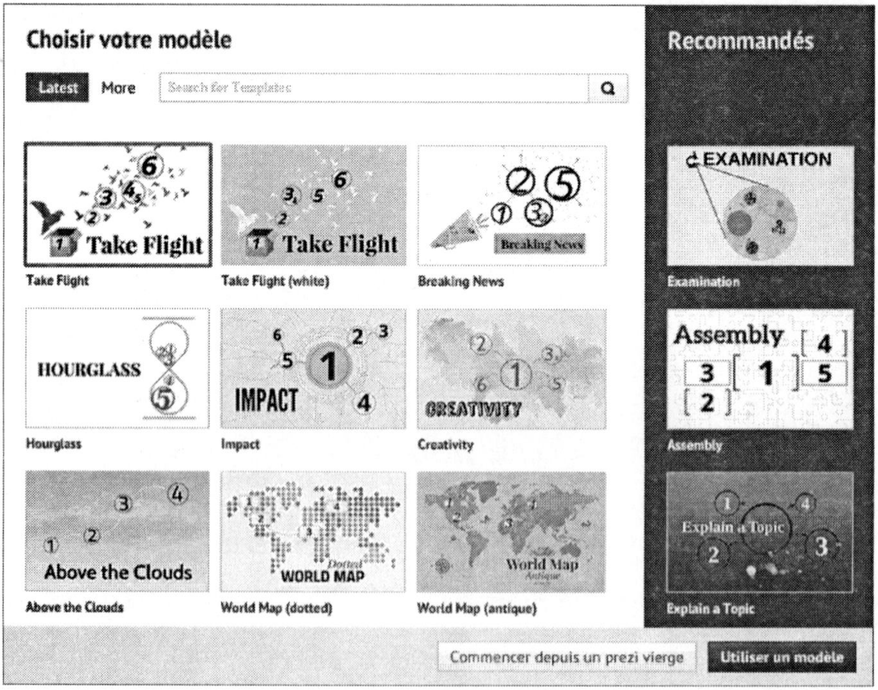

- Pour afficher la liste complète des modèles proposés par Prezi, cliquez sur **More**.

La zone de recherche, située dans la partie supérieure de la fenêtre, permet de rechercher un modèle particulier. Les modèles proposés étant anglais, vous devez saisir votre requête en anglais.

- Pour créer une présentation basée sur un modèle, cliquez sur la vignette du modèle souhaité puis sur le bouton **Utiliser un modèle**.

  Pour créer une présentation vierge, cliquez sur le bouton **Commencer depuis un prezi vierge**.

2. Créer une présentation en ligne

Les présentations créées en ligne seront accessibles depuis votre bibliothèque de votre compte sur Prezi.com mais également depuis l'application Prezi Desktop du poste de travail.

- Dans la bibliothèque de Prezi Desktop, sélectionnez **Prezis synchronisés** dans le volet gauche puis, dans le volet droit, cliquez sur la vignette **Nouveau prezi synchronisé**.
- Sélectionnez, si besoin, le modèle à utiliser puis cliquez sur le bouton **Utiliser un modèle** ou créez une présentation vierge en cliquant sur le bouton **Commencer depuis un prezi vierge**.

L'élaboration d'une présentation ne diffère pas des procédures vues dans le chapitre Créer sa première présentation, nous vous invitons donc à consulter ce chapitre pour concevoir votre présentation.

3. Ouvrir une présentation

- Selon l'endroit où a été enregistrée la présentation, sélectionnez **Prezis synchronisés** ou **Prezis locaux** dans le volet gauche de la bibliothèque.
- Dans le volet droit, pointez la vignette de la présentation à ouvrir et cliquez sur le bouton Éditer.

La présentation s'ouvre en mode Édition, elle peut donc être modifiée.

- Depuis la bibliothèque, pour afficher une présentation en mode Présentation, cliquez directement sur sa vignette.

G. Classer dans des dossiers

Tout comme dans la bibliothèque en ligne, vous pouvez créer des dossiers pour classer et organiser vos présentations (privées et partagées par d'autres). Les dossiers créés et les modifications apportées à ces dossiers dans l'application Prezi Desktop seront visibles dans votre bibliothèque en ligne ; il n'est pas possible de créer des dossiers pour des présentations enregistrées en local.

Les dossiers offrent non seulement l'avantage de pouvoir classer des présentations mais vous pouvez également choisir de partager leur contenu avec d'autres utilisateurs (cf. chapitre Collaboration et partage - Partager un dossier).

1. Créer un dossier

✎ Dans la bibliothèque de Prezi Desktop, cliquez sur le bouton **Nouveau dossier**, visible dans le volet gauche.

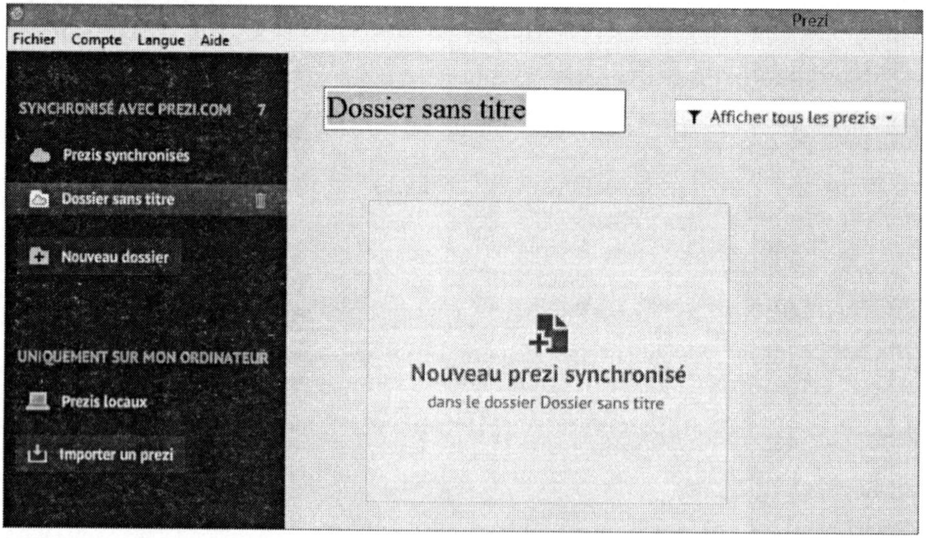

✎ Dans la zone où apparaît l'intitulé **Dossier sans titre**, saisissez le nom à attribuer au dossier puis appuyez sur la touche ↵.

Les dossiers créés sont visibles dans le volet gauche de la fenêtre et sont symbolisés par l'icône  :

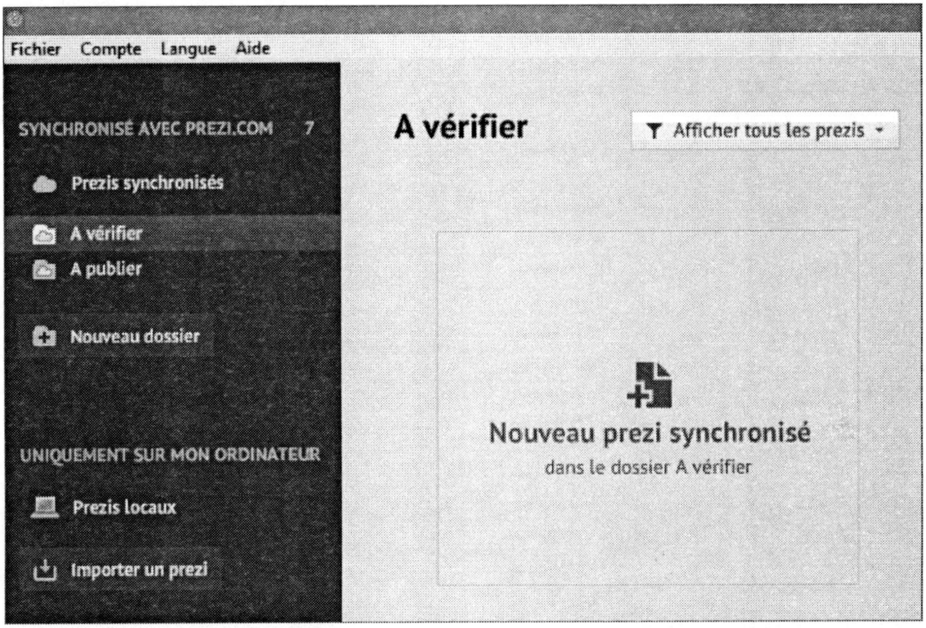

Ces mêmes dossiers sont également visibles dans votre bibliothèque en ligne :

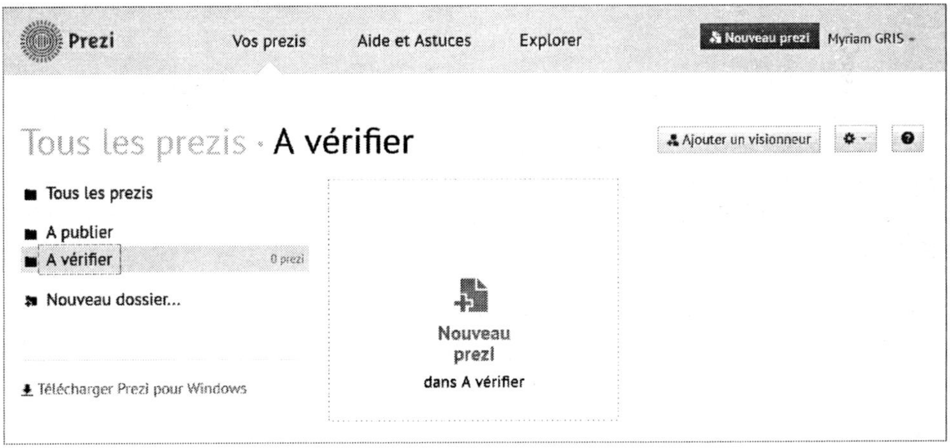

2. Renommer un dossier

✎ Pour renommer un dossier, sélectionnez le dossier dans le volet gauche puis, dans le volet droit, positionnez le pointeur de la souris sur son nom.

Le symbole apparaît alors à droite de son nom :

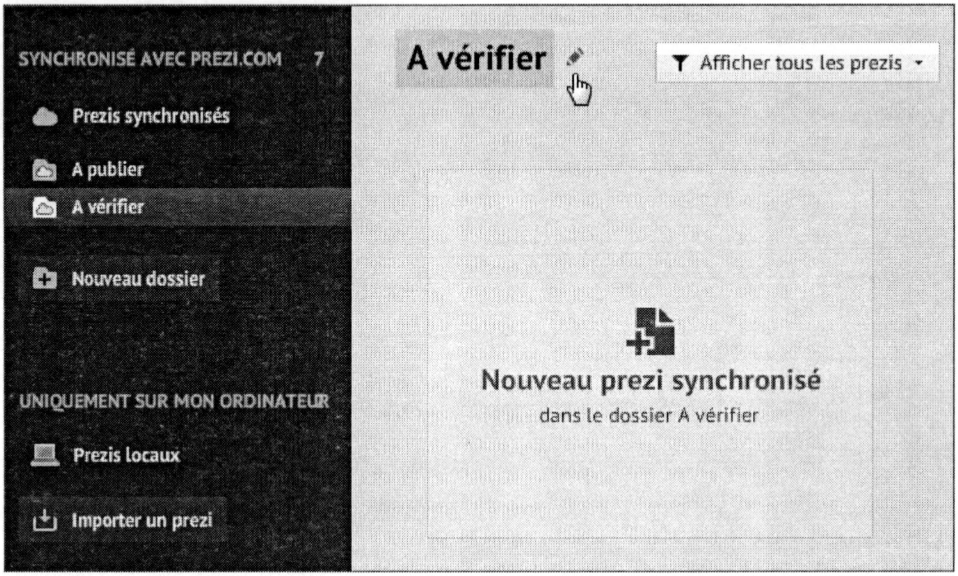

✎ Cliquez sur le symbole puis effectuez les modifications souhaitées et validez en appuyant sur la touche ⏎.

3. Supprimer un dossier

La suppression d'un dossier ne supprime pas les présentations qu'il contient ; ces présentations seront toujours visibles et accessibles dans la vue **Prezis synchronisés**.

✎ Pour supprimer un dossier, sélectionnez le dossier dans le volet gauche puis cliquez sur le symbole qui apparaît à droite de son nom.

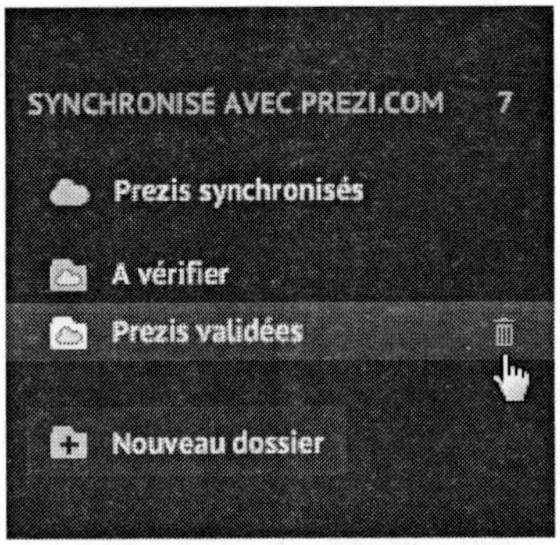

- Confirmez la suppression en cliquant sur le bouton **Supprimer le dossier** du message qui s'affiche.

Vous pouvez également gérer les dossiers depuis votre bibliothèque en ligne (cf. Gestion des présentations - Classer dans des dossiers).

4. Créer ou ajouter une présentation dans un dossier

- Pour créer une présentation dans un dossier, sélectionnez le dossier dans le volet gauche puis cliquez sur la vignette **Nouveau prezi synchronisé** du volet droit.
- Pour ajouter une présentation existante dans un dossier (uniquement s'il s'agit d'une présentation en ligne), sélectionnez **Prezis synchronisés** dans le volet gauche puis pointez la vignette de la présentation à déplacer et cliquez ensuite sur l'outil 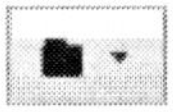.

La liste affiche les dossiers existants :

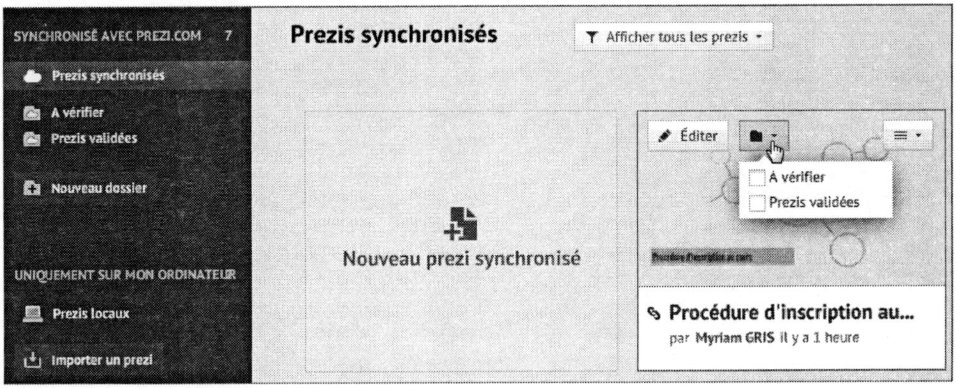

- Cochez le ou les dossiers dans lesquels vous souhaitez ajouter la présentation.

La présentation ainsi ajoutée est toujours visible dans la liste des présentations synchronisées (**Prezis synchronisés** du volet gauche).

> *Si vous avez choisi plusieurs dossiers, les modifications effectuées sur la présentation seront répercutées sur la présentation dans les autres dossiers.*

H. Supprimer une présentation

- Selon l'endroit où a été enregistrée la présentation, sélectionnez **Prezis synchronisés** ou **Prezis locaux** dans le volet gauche de la bibliothèque.
- Dans le volet droit, pointez la vignette de la présentation puis cliquez sur l'outil 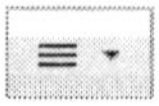 qui s'affiche dans le coin supérieur droit de la vignette et sélectionnez l'option **Effacer**.

S'il s'agit d'une présentation enregistrée sur le poste de travail, le message suivant s'affiche :

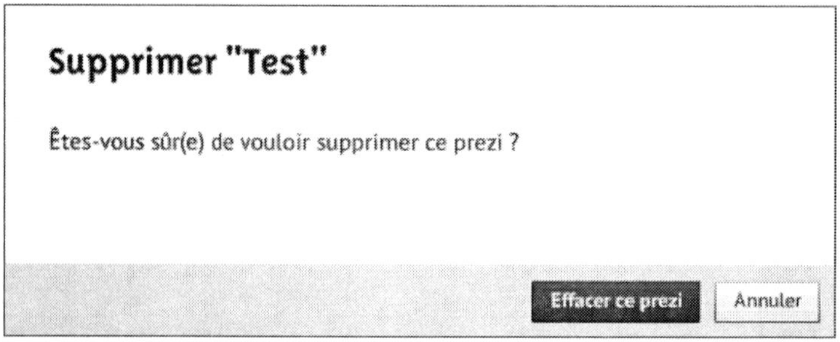

S'il s'agit d'une présentation enregistrée en ligne, le message suivant s'affiche :

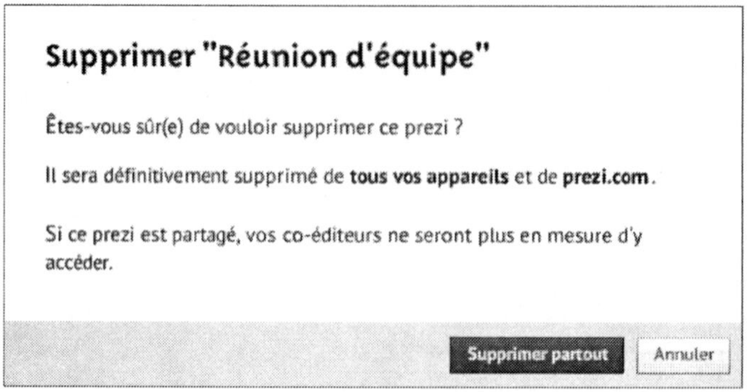

- Pour confirmer votre choix, cliquez sur le bouton **Effacer ce prezi** ou **Supprimer partout**.

> *Lorsqu'une présentation en ligne est supprimée, elle est également supprimée du ou des dossiers dans lesquels elle avait été classée.*

I. Copier une présentation

Cette procédure permet d'effectuer une copie d'une présentation sur le poste de travail. Pour que la copie soit également disponible dans votre bibliothèque en ligne, il faudra ensuite la synchroniser (cf. Synchroniser des présentations en ligne).

- Selon l'endroit où a été enregistrée la présentation, sélectionnez **Prezis synchronisés** ou **Prezis locaux** dans le volet gauche de la bibliothèque.
- Dans le volet droit, pointez la vignette de la présentation et cliquez sur l'outil, qui s'affiche dans le coin supérieur droit de la vignette, et sélectionnez l'option **Faire une copie**.

La copie de la présentation apparaît dans la liste **Prezis locaux**. Le nom de la présentation reprend celui de la présentation d'origine précédé de l'intitulé **Copy of**. Vous pouvez ensuite renommer la présentation (cf. Renommer une présentation).

J. Renommer une présentation

- Selon l'endroit où a été enregistrée la présentation, sélectionnez **Prezis synchronisés** ou **Prezis locaux** dans le volet gauche de la bibliothèque.
- Dans le volet droit, pointez le nom de la présentation.

Le symbole apparaît à droite du nom :

- Cliquez sur le symbole puis saisissez le nom souhaité et appuyez sur la touche ⏎ pour valider.

K. Exporter/importer un fichier Prezi

Le format de fichier des présentations créées sur l'ordinateur est le format **.pez**. L'exportation d'une présentation (en ligne ou non) permet de créer un fichier **.pez** qui pourra ensuite être ouvert sur un autre poste de travail avec l'application Prezi Desktop (cf. Importer un fichier Prezi). Vous pouvez également exporter vos présentations pour les archiver si votre espace de stockage en ligne est épuisé par exemple.

1. Exporter une présentation

- Selon l'endroit où a été enregistrée la présentation, sélectionnez **Prezis synchronisés** ou **Prezis locaux** dans le volet gauche de la bibliothèque.
- Dans le volet droit, pointez la vignette de la présentation à exporter au format Prezi et cliquez sur l'outil puis choisissez l'option **Exporter en fichier prezi (.pez)**.
- Dans la boîte de dialogue **Exporter** qui s'affiche, ouvrez le dossier dans lequel vous souhaitez enregistrer le fichier puis saisissez son nom dans la zone **Nom du fichier**.
- Cliquez ensuite sur le bouton **Enregistrer**.

Le fichier enregistré peut ensuite être copié sur un support amovible ou envoyé par e-mail à des utilisateurs de Prezi Desktop. Pour l'utiliser, ils devront alors l'importer dans l'application (cf. titre suivant).

2. Importer un fichier Prezi

- Dans le volet gauche de la bibliothèque de Prezi Desktop, cliquez sur le bouton **Importer un prezi**.
- Dans la boîte de dialogue **Importer un fichier pez**, accédez au dossier dans lequel le fichier a été stocké puis double cliquez sur son nom.

Les fichiers importés sont automatiquement ajoutés à votre bibliothèque de présentations Prezi en ligne ; dans la bibliothèque de Prezi Desktop, ils ont été ajoutés à la vue **Prezis synchronisés**.

Si le fichier importé existe déjà dans la bibliothèque, le message suivant s'affiche :

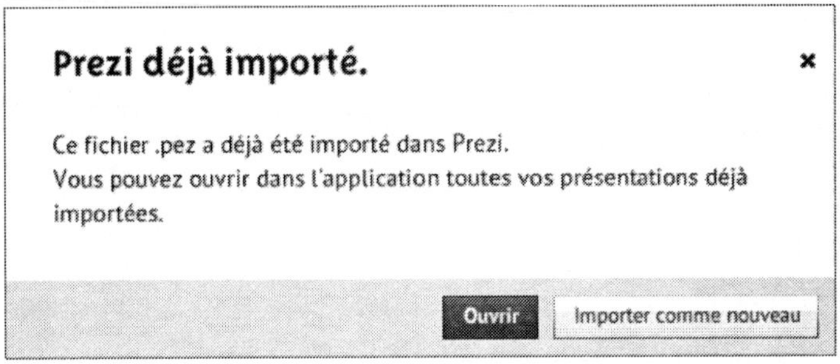

- Cliquez sur **Ouvrir** si vous souhaitez ouvrir la présentation en mode Édition ou cliquez sur **Importer comme nouveau** pour ajouter une copie du fichier dans la bibliothèque.

Si vous avez choisi **Importer comme nouveau**, le fichier est ajouté uniquement dans la liste des présentations **Prezis locaux**.

L. Publier une présentation sans connexion Internet

Toutes les publications visibles dans la vue **Prezis locaux** peuvent être présentées hors connexion.

Si la présentation à publier est une présentation en ligne, vous pouvez effectuer une copie de cette présentation dans vos présentations **Prezis locaux** afin de pouvoir ensuite la lancer à partir de Prezi Desktop (cf. Copier une présentation) ou, si elle doit être publiée sur un poste qui ne dispose pas de l'application, vous pouvez alors exporter la présentation en tant que Prezi portable puis copier ce fichier sur le poste de travail à partir duquel vous souhaitez lancer la présentation.

1. Lancer une présentation depuis la vue Prezis locaux

- Dans le volet gauche de la bibliothèque, sélectionnez **Prezis locaux**.
- Dans le volet droit, cliquez sur la vignette de la présentation à lancer.
- Cliquez ensuite sur l'outil  pour l'afficher en plein écran.

Pour utiliser les fonctionnalités du mode Présentation, reportez-vous au titre Projeter une présentation du chapitre Créer sa première présentation.

2. Exporter en tant que Prezi portable

Cette procédure consiste à enregistrer dans un fichier compressé la présentation à diffuser ainsi que l'outil nécessaire à sa diffusion. Le fichier ainsi téléchargé pourra ensuite être copié sur un poste de travail même si ce dernier ne dispose pas de connexion Internet et de l'application Prezi Desktop. La diffusion de la présentation n'utilisant pas de connexion Internet, les vidéos YouTube ne seront donc pas présentes dans la version téléchargée.

- Selon l'endroit où a été enregistrée la présentation, sélectionnez **Prezis synchronisés** ou **Prezis locaux** dans le volet gauche de la bibliothèque.
- Dans le volet droit, pointez la vignette de la présentation à exporter et cliquez sur l'outil 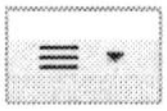 puis choisissez l'option **Exporter comme prezi portable**.
- Dans la boîte de dialogue **Exporter** qui s'affiche, ouvrez le dossier dans lequel vous souhaitez enregistrer le fichier puis saisissez son nom dans la zone **Nom du fichier**.
- Cliquez ensuite sur le bouton **Enregistrer**.
- Pour lancer la projection de la présentation, décompressez le fichier qui vient d'être enregistré puis ouvrez le dossier et double cliquez sur le fichier **Prezi.exe**.

La présentation se lance alors.

- Cliquer sur l'outil  pour l'afficher en plein écran.

> *Le fichier compressé peut être envoyé par e-mail ou copié sur un autre support si la présentation doit être diffusée sur un autre poste par exemple.*

Chapitre 5

Les objets d'une présentation

A. Le texte

1. Extraire une partie de texte d'une zone de texte

- Pour extraire une partie de texte d'une zone de texte, double cliquez sur la zone de texte concernée pour l'éditer.
- Sélectionnez la partie de texte à extraire puis faites-la glisser à l'extérieur de la zone de texte.

Le texte déplacé apparaît en grisé lorsqu'il est déplacé de la zone :

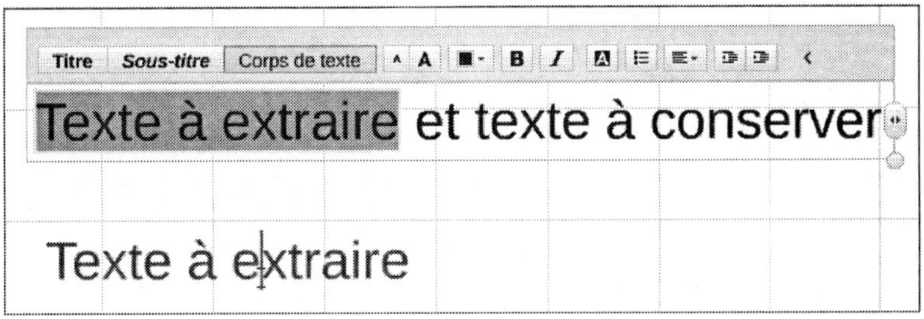

- Relâchez ensuite le bouton de la souris lorsque le texte est positionné à l'endroit souhaité.
- Pour déplacer un ou plusieurs paragraphes de texte, sélectionnez les paragraphes concernés, s'il s'agit d'un seul paragraphe, cliquez dans le texte du paragraphe concerné.
- Cliquez ensuite sur le symbole  visible à gauche et faites-le glisser en dehors de la zone de texte.

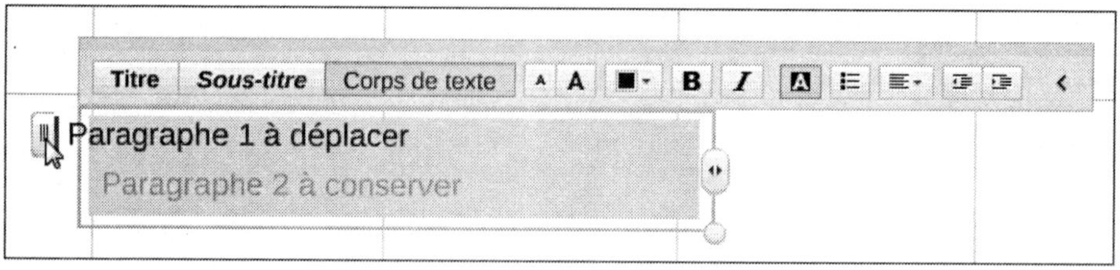

2. Insérer un lien hypertexte

L'insertion d'un lien hypertexte permet d'ajouter à la présentation un lien vers un site Internet ou une adresse de messagerie par exemple.

- Cliquez sur la scène à l'endroit où le lien hypertexte doit apparaître.
- Dans la zone de texte qui s'affiche, saisissez le lien de l'adresse URL complète, par exemple, s'il s'agit d'un site Internet, faites précéder l'adresse de **http://**, pour une adresse de messagerie, saisissez **Mailto:** devant l'adresse...
- Cliquez ensuite à l'extérieur de la zone de texte.

Le lien hypertexte apparaît souligné :

Ce lien hypertexte ne sera actif qu'en mode Présentation où il suffira de cliquer sur le lien pour ouvrir la cible.

Prezi ne propose pas d'insérer un lien hypertexte sur une forme ou une image, il n'est également pas possible de choisir d'ouvrir un document existant ou d'en créer un comme le proposent les logiciels Microsoft. Pour ce faire, créez le lien hypertexte dans un fichier Word ou PowerPoint par exemple puis convertissez ce fichier en fichier PDF puis importez ce fichier (Menu ***Insérer - Depuis un fichier (PDF, vidéo)****) dans votre présentation Prezi. En mode Présentation, le lien sera actif et le pointeur de la souris prendra la forme d'une main lorsqu'il sera placé sur l'objet lié.*

B. Formes et symboles

1. Ajouter une forme

✎ Pour créer un rectangle, un cercle ou toute autre forme géométrique, cliquez sur le menu **Insérer** puis sur l'option **Symboles & formes**.

Le volet **Styles** qui s'affiche à droite de la fenêtre, propose plusieurs catégories de formes et de symboles :

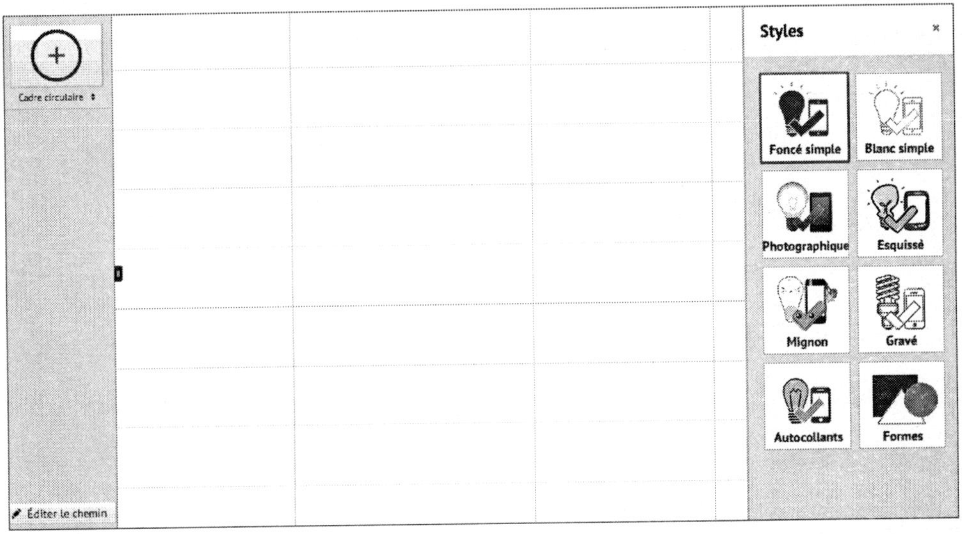

✎ Cliquez sur la catégorie **Formes** pour afficher la liste des formes.

- Sélectionnez la forme à ajouter et faites-la glisser sur la scène ou double cliquez sur la forme.
- Pour dessiner une forme géométrique (y compris une ligne ou une flèche), appuyez successivement sur la touche S du clavier et, lorsque le pointeur prend l'apparence de la forme à dessiner (pour un rectangle ; pour un rond ; pour un triangle ; pour une ligne ; pour une flèche), réalisez un cliqué-glissé à l'endroit où la forme doit apparaître.

Cette méthode peut être utilisée uniquement si les raccourcis-clavier ont été au préalable activés (menu **Paramètres**, option **Oui**).

2. Ajouter une ligne ou une flèche

- Ouvrez le menu **Insérer** puis sélectionnez l'option **Dessiner une flèche** ou **Dessiner une ligne** selon l'élément que vous souhaitez ajouter.

Dans la scène le pointeur de la souris prend la forme suivante si vous avez choisi de dessiner une ligne ou la forme suivante si vous avez choisi de dessiner une flèche.

- Positionnez le pointeur de la souris à l'endroit où la forme doit apparaître et réalisez un cliqué-glissé pour la dessiner.

3. Courber une flèche ou une ligne

- Pour courber une flèche ou une ligne, cliquez sur la ligne ou sur la flèche pour la sélectionner.
- Pointez la poignée centrale et faites-la glisser dans la direction souhaitée.

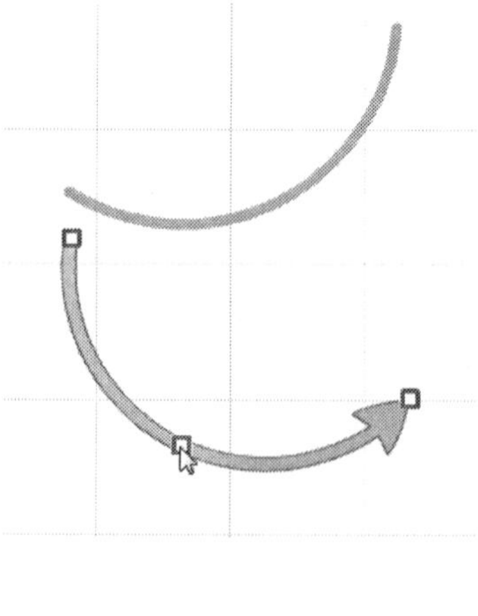

4. Modifier la couleur d'une forme

La couleur appliquée aux formes insérées dépend du thème choisi. Vous pouvez choisir une autre couleur uniquement parmi les cinq couleurs de la palette proposée par le thème appliqué.

Ces méthodes s'appliquent également aux flèches et aux lignes.

✎ Pour modifier la couleur de remplissage d'une forme, cliquez sur la forme pour la sélectionner puis, dans la barre d'outils qui s'affiche, cliquez sur le bouton **Style** et choisissez la couleur à appliquer.

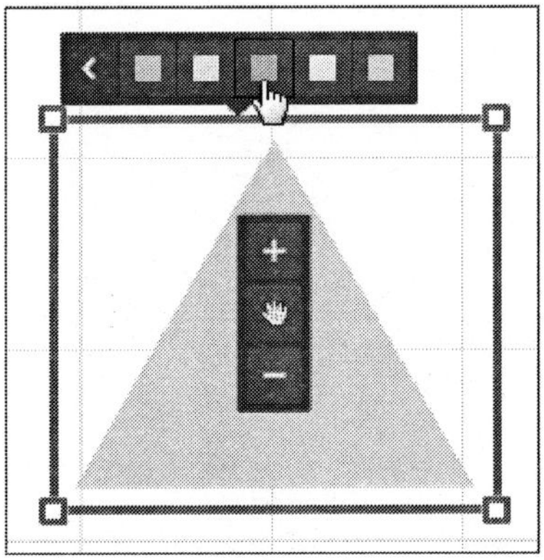

Si les couleurs ne conviennent pas, modifiez dans ce cas le thème (cf. Modifier le thème du chapitre Créer sa première présentation).

✎ Pour réduire l'épaisseur du trait de la forme, sélectionnez-le puis cliquez sur l'outil  autant de fois que nécessaire ; pour l'agrandir, cliquez sur l'outil .

5. Ajouter un symbole

Les symboles proposés dans Prezi sont des pictogrammes vectoriels.

✎ Pour ajouter un symbole, cliquez sur le menu **Insérer** puis sur l'option **Symboles & formes**.

Le volet **Styles** qui s'affiche à droite de l'écran propose cinq catégories de symboles :

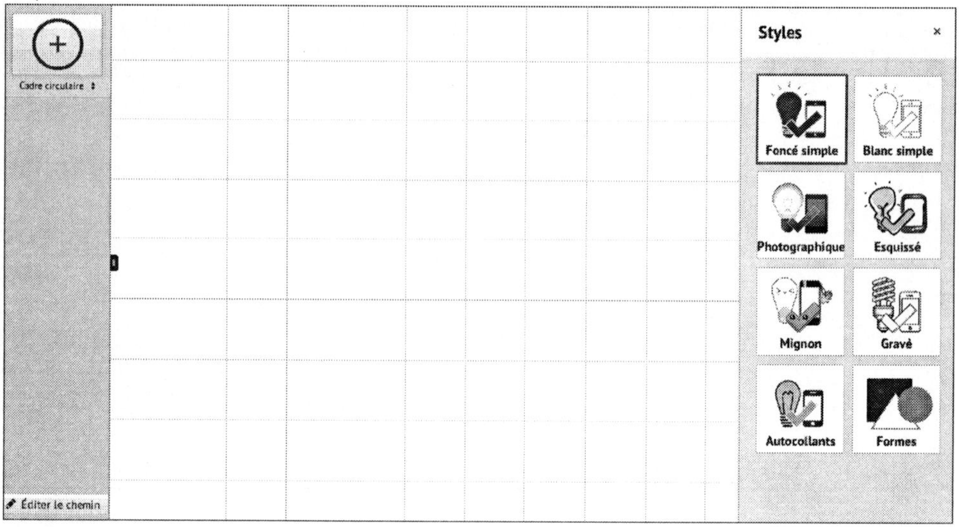

✎ Selon le type de symboles à ajouter, cliquez sur une des catégories suivantes :

pour des symboles en noir et blanc.

pour des symboles blancs avec un contour gris.

pour des symboles de type photo.

pour des symboles de type croquis.

pour des symboles ludiques en couleurs.

pour des symboles ludiques en noir et blanc.

pour des symboles de type étiquette.

Sur cet exemple, la catégorie **Photographique** a été choisie :

✎ Sélectionnez le symbole à ajouter et faites-le glisser sur la scène ou double cliquez sur le symbole.

Tout comme les formes, vous pouvez modifier la taille d'un symbole, le déplacer, le supprimer ou lui appliquer une rotation.

C. Images

1. Formats d'image

Deux types de formats sont acceptés dans Prezi : les **images bitmap** et les **images vectorielles**.

Les **images bitmap** sont composées de points appelés **Pixels**, chaque pixel représentant une couleur. Les **images vectorielles** sont, quant à elles, constituées de vecteurs fondés sur des fonctions mathématiques. Quelle que soit la taille appliquée à une image vectorielle, celle-ci conservera sa netteté et sa qualité, la taille du fichier n'en sera pas modifiée contrairement à une image Bitmap qui elle perdra en qualité et son poids numérique, généralement plus important qu'une image vectorielle, sera plus volumineux.

Les formats reconnus dans Prezi sont :

- **Format JPEG** : est un format d'image léger et compressé limité à 256 couleurs.
- **Format PNG** : est un format d'image destiné à être lu sur le Web. Sa taille reste supérieure à celles des formats utilisés pour les photos.
- **Format GIF** : est un format d'image Bitmap qui peut contenir de 2 à 256 couleurs. Ce format permet d'obtenir des images animées.
- **Format SWF** (*ShockWare Files*) : est un format d'image vectorielle qui peut contenir de 2 à 256 couleurs. Ce format permet d'obtenir des images animées.

2. Insérer une image

Prezi autorise une taille maximale de 2880 par 2880 pixels, ces limites étant fixées par l'éditeur vidéo Flash. Si vous insérez une image JPG supérieure à la taille indiquée, Prezi vous proposera alors de la redimensionner ; s'il s'agit d'un autre format d'image, vous devez utiliser au préalable un autre logiciel pour réduire la taille du fichier.

✎ Ouvrez le menu **Insérer** puis sélectionnez l'option **Image**.

Le volet **Insérer une image** s'affiche :

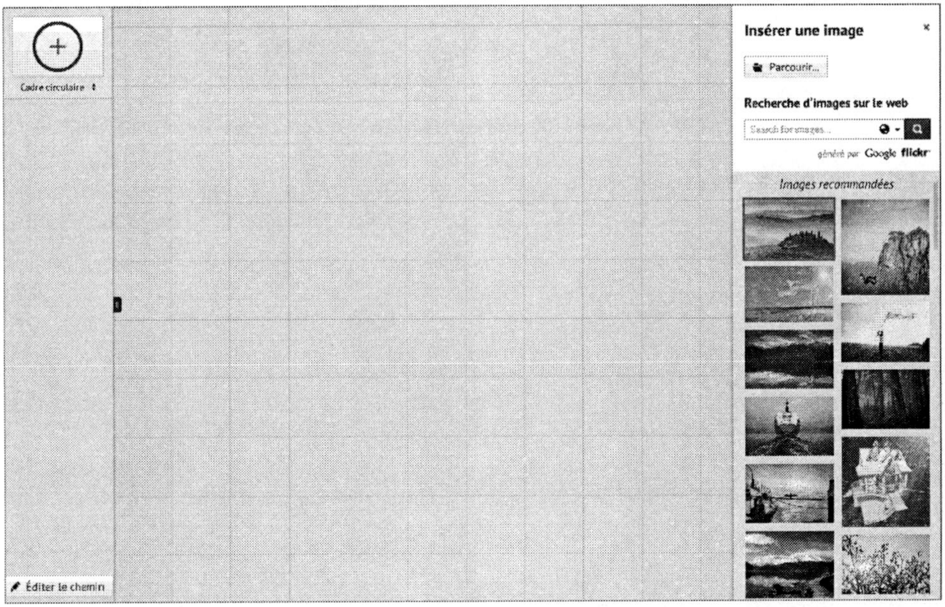

- Pour ajouter une image provenant d'Internet, sélectionnez, si besoin, une des images recommandées proposées ou saisissez les mots clés de l'image dans la zone de recherche puis appuyez sur la touche ↵ pour lancer la recherche. Sélectionnez l'image et faites-la glisser sur la scène ou double cliquez sur sa vignette.
- Pour insérer une image enregistrée sur le poste de travail, cliquez sur le bouton **Parcourir** puis double cliquez sur le fichier d'image à insérer.

Si l'image choisie est au format JPEG et si ta taille est supérieure à 2880 par 2880 pixels, le message suivant s'affiche :

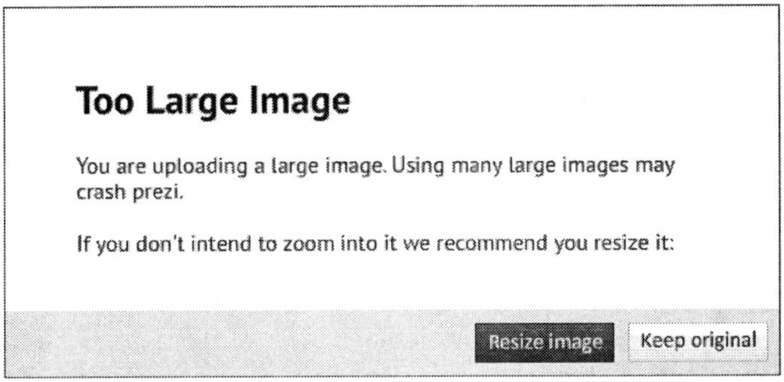

- Cliquez alors sur le bouton **Resize image** pour la redimensionner.

3. Remplacer une image

- Sélectionnez l'image à remplacer puis, dans la barre d'outils qui s'affiche, cliquez sur le bouton **Remplacer**.

Le volet **Remplacer l'image** s'ouvre.

- Si l'image de remplacement est stockée sur l'ordinateur, cliquez sur le bouton **Sélectionner un fichier** du volet **Remplacer l'image** puis double cliquez sur le fichier d'image souhaité.

  Pour choisir une image d'Internet, saisissez les mots clés de l'image dans la zone de recherche puis appuyez sur la touche pour lancer la recherche. Double cliquez ensuite sur la vignette de l'image.

4. Rogner une image

Cette technique permet de supprimer des parties situées sur les bords de l'image.

- Sélectionnez l'image à rogner puis, dans la barre d'outils qui s'affiche, cliquez sur le bouton **Rogner l'image**.

Les poignées de sélection sont alors remplacées par des poignées de rognages.

- Faites glisser une poignée pour rogner une partie de l'image.

✎ Cliquez ensuite en-dehors de l'image.

5. Retoucher une image

L'éditeur photo de Prezi permet de modifier différents effets d'une image comme sa luminosité, ses contrastes, son niveau de saturation ou netteté, de supprimer les yeux rouges, d'ajouter des effets de fondu ou d'autres effets artistiques.

✎ Sélectionnez l'image puis cliquez sur le bouton **Effets**.

L'**Éditeur photo** s'ouvre :

Les licences Pro ou Edu Pro disposent de toutes les fonctionnalités de l'éditeur photo tandis que les licences gratuites ou Enjoy, seront limitées aux trois premières fonctions (**Renforcer**, **Effets** et **cadres**).

À tout moment, vous pouvez modifier la taille de l'image en cliquant sur l'outil  puis en faisant glisser le curseur.

✎ Cliquez sur le bouton 

pour améliorer les couleurs de l'image.

Après avoir cliqué sur ce bouton, trois options sont proposées :

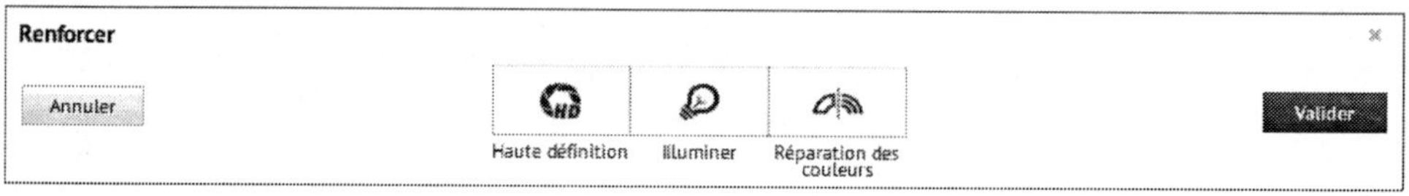

améliore la définition des couleurs de l'image.

corrige les problèmes d'éclairage de l'image.

corrige les couleurs de l'image.

✎ Choisissez une des options de correction puis cliquez sur le bouton **Valider**.

✎ Cliquez sur le bouton 

pour appliquer un des filtres proposés.

Cliquez sur le filtre de couleur à appliquer à l'image puis sur le bouton **Valider**.

Cliquez sur le bouton  pour ajouter un cadre à l'image.

✎ Cliquez sur le cadre à appliquer à l'image puis sur le bouton **Valider**.

✎ Cliquez sur le bouton 

pour créer un point focal ou pour accentuer la profondeur d'une image.

✎ Choisissez la forme du point focal en cliquant sur le bouton  ou 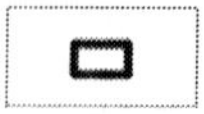 puis, à l'aide de la souris, faites glisser le cadre à l'endroit où la mise au point doit être effectuée. Cliquez ensuite sur le bouton **Valider**.

✎ Cliquez sur le bouton 

pour appliquer une teinte chaude en faisant glisser ensuite le curseur vers la droite ou une teinte froide en faisant glisser le curseur vers la gauche.

✎ Cliquez ensuite sur le bouton **Valider**.

✎ Cliquez sur le bouton 

pour éclaircir ou assombrir les couleurs de l'image en faisant glisser le curseur vers la droite ou vers la gauche.

- Cliquez ensuite sur le bouton **Valider**.
- Cliquez sur le bouton 

pour augmenter le contraste ou l'atténuer en faisant glisser le curseur vers la droite ou vers la gauche.

- Cliquez ensuite sur le bouton **Valider**.
- Pour augmenter ou atténuer la saturation des couleurs d'une image, cliquez sur le bouton 

et faites glisser le curseur vers la droite ou vers la gauche. Cliquez ensuite sur le bouton **Valider**.
- Pour augmenter la clarté d'une image afin qu'elle soit plus nette ou, au contraire, pour adoucir les couleurs, cliquez sur le bouton 

et faites glisser le curseur vers la droite ou vers la gauche. Cliquez ensuite sur le bouton **Valider**.
- Pour créer une image en noir et blanc tout en conservant une partie colorée, cliquez sur le bouton 

.

- Cliquez sur le bouton **Couleur vive**  si la partie de l'image qui sera conservée en couleurs doit être de couleur vive ou cliquez sur le bouton **Couleur réelle**  si vous souhaitez conserver les couleurs d'origine de l'image pour la partie colorée. Choisissez ensuite la **Taille du pinceau** en cliquant sur un des choix proposés dans la barre d'outils.
- Cliquez successivement sur la ou les parties de l'image à conserver en couleur ; pour retirer la couleur appliquée, cliquez sur le bouton **Effaceur**  puis sur la partie de l'image concernée.
- Cliquez ensuite sur le bouton **Valider**.
- Utilisez le bouton 

pour supprimer les yeux rouges d'une photo. Choisissez la **Taille du pinceau** en cliquant sur l'outil souhaité puis cliquez sur chaque œil de la photo.

- Cliquez ensuite sur le bouton **Valider**.
- Utilisez le bouton 

pour renforcer les parties blanches de l'image. Choisissez la **Taille du pinceau** en cliquant sur l'outil souhaité puis cliquez sur les parties blanches à renforcer. Cliquez ensuite sur le bouton **Valider**.
- Pour supprimer les imperfections d'une photo, cliquez sur le bouton 

, choisissez la **Taille du pinceau** et cliquez sur les zones à corriger. Cliquez ensuite sur le bouton **Valider**.
- Lorsque toutes les retouches souhaitées sont effectuées, cliquez sur le bouton **Sauvegarder**.

D. Vidéos

1. Formats vidéo

Le lecteur Flash, intégré à Prezi, permet de lire des fichiers audio et vidéo dans une présentation.

Les formats de fichiers vidéo acceptés par Prezi sont les suivants : **FLV, F4V, AVI, MOV, WMV, F4V, MPG, MPEG, MP4, M4V** et **3GP**.

Nous vous conseillons d'utiliser le format Flash (**FLV**) utilisé par Prezi car ce dernier permet une lecture plus fluide.

Si votre présentation doit être éditée sur un iPad ou un iPhone, utilisez dans ce cas le format **MP4** car, dans le cas contraire, la vidéo ne pourra pas être lue sur ces supports.

Prezi propose deux méthodes pour insérer une vidéo dans une présentation soit par importation d'un fichier vidéo stocké sur l'ordinateur soit en insérant le lien URL d'une vidéo Internet de YouTube.

*Un fichier F4V est un fichier vidéo Flash FLV qui a été renommé en F4V. Les formats de fichier **F4V** et **FLV** sont des formats vidéo **MPEG-4** définis par Adobe Systems.*

2. Insérer un fichier vidéo

Cette méthode permet d'insérer un fichier vidéo enregistré sur votre ordinateur. Le fichier vidéo ne doit pas excéder 50 Méga octets.

- Ouvrez le menu **Insérer** puis sélectionnez l'option **Depuis un fichier (PDF, vidéo)**.
- Dans la boîte de dialogue **Ouvrir**, recherchez le fichier vidéo puis double cliquez sur son nom.

Après le processus de téléchargement qui peut être plus ou moins long selon la taille du fichier, la vidéo s'affiche dans la scène ; le cadre est doté d'une barre de lecture permettant de lire (ou de mettre en pause) la vidéo et de modifier le volume du son :

Comme tout autre élément, le cadre de la vidéo peut être redimensionné, déplacé ou subir une rotation.

La lecture de la vidéo peut ensuite être lancée manuellement pendant la présentation en cliquant sur le bouton de lecture ou automatiquement si la vignette de la vidéo a été ajoutée au chemin du scénario..

3. Insérer une vidéo de YouTube

Cette méthode permet d'ajouter une vidéo YouTube dans une présentation en utilisant le lien URL de la vidéo ; ainsi, contrairement à la méthode précédente, la vidéo n'alourdit pas le fichier de la présentation. Une connexion à Internet est nécessaire ensuite pour lire la vidéo.

✎ Au préalable, dans votre navigateur Internet, affichez la vidéo YouTube à utiliser puis copiez l'adresse URL.

- Dans la présentation Prezi, ouvrez le menu **Insérer** puis sélectionnez l'option **Vidéo YouTube**.

La fenêtre suivante s'affiche :

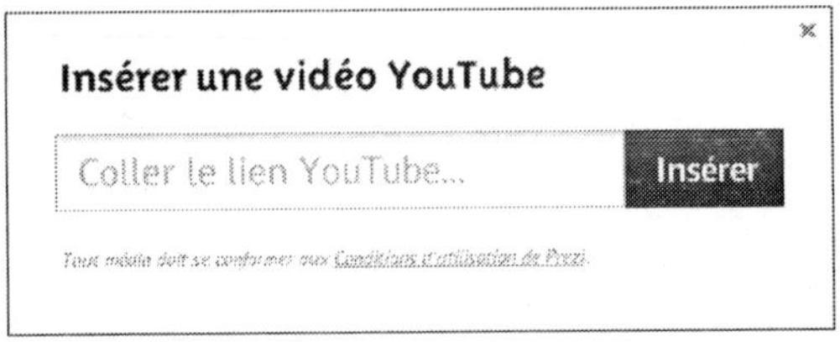

- Dans la zone de texte, collez l'adresse URL précédemment copiée en utilisant le raccourci-clavier Ctrl V ou en réalisant un clic droit puis en choisissant l'option **Coller**.
- Cliquez ensuite sur le bouton **Insérer**.

La vidéo s'affiche également dans un cadre, le bouton ▶ central permet de lire la vidéo :

Vous pouvez également ajouter une vidéo YouTube à une présentation en collant l'adresse URL dans une zone de texte.

E. Fichiers audio

1. Formats audio

Les formats de fichiers audio acceptés par Prezi sont les suivants : **MP3, M4A, FLAC, WAM, OGG, AAC, MP4** et **3GP**.

Dans une présentation, il est possible d'ajouter un fichier audio qui sera lu pendant toute la durée de la présentation et qui servira ainsi de bande sonore ou qui sera lu uniquement lors de l'affichage de certains éléments.

2. Ajouter une musique de fond

Cette méthode permet de choisir le fichier audio qui sera lu en boucle pendant toute la durée de la présentation.

✎ Ouvrez le menu **Insérer** et sélectionnez l'option **Ajouter une musique de fond**.

✎ Dans la boîte de dialogue **Ouvrir**, recherchez le fichier audio puis double cliquez sur son nom.

Le processus de téléchargement s'affiche :

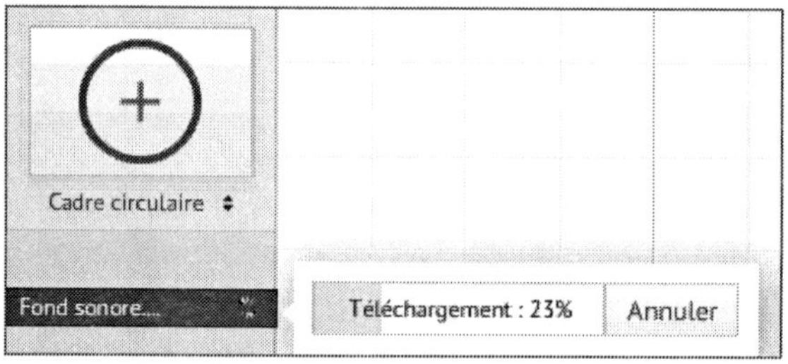

Une fois le fichier audio téléchargé, vous pouvez l'écouter en cliquant sur le bouton de lecture .

✎ Cliquez sur le bouton **Terminé**.

Le fichier audio est visible dans la partie supérieure de la barre latérale à gauche de la fenêtre.

En mode Présentation, le fichier audio démarrera automatiquement.

✎ Pour remplacer la musique de fond par une autre, ouvrez le menu **Insérer** puis sélectionnez l'option **Remplacer la musique de fond**. Recherchez le fichier audio souhaité puis double cliquez sur son nom.

Vous pouvez supprimer le fichier audio en le sélectionnant dans la barre latérale gauche puis en cliquant sur .

3. Ajouter un son à une étape du chemin

Cette procédure consiste à ajouter un son à une étape du scénario de la présentation. Le fichier audio sera alors lu uniquement lorsque cette étape sera atteinte. Vous devez avoir défini au préalable les différentes étapes du chemin.

- Dans la barre latérale gauche, sélectionnez la vignette représentant l'étape sur laquelle la piste audio doit être ajoutée.
- Ouvrez le menu **Insérer** et sélectionnez l'option **Ajouter une voix-off à l'étape du chemin**.

Vous pouvez également faire un clic droit sur la vignette et choisir l'option **Ajouter une voix-off à l'étape du chemin**.

- Accédez au fichier audio à ajouter puis double cliquez sur son nom.

Le téléchargement du fichier se lance. À la fin du téléchargement, la piste audio apparaît dans la partie supérieure de la vignette. Tout comme une musique de fond, vous pouvez la sélectionner pour lire le fichier ou le supprimer .

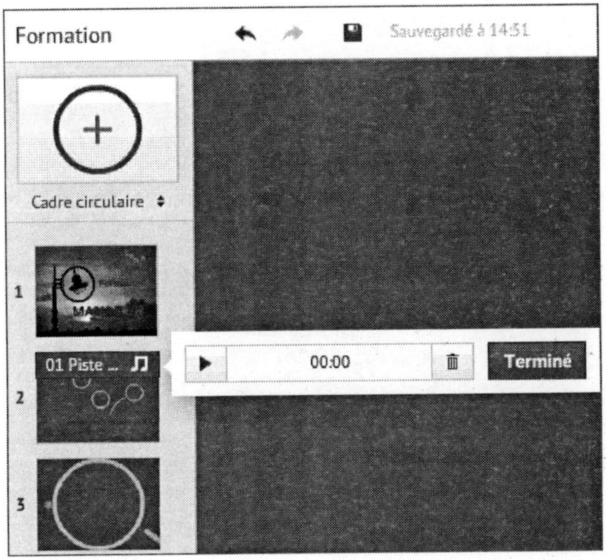

- Cliquez ensuite sur **Terminé**.
- Pour remplacer le fichier audio par un autre, sélectionnez la vignette sur laquelle il a été ajouté puis, dans le menu **Insérer**, sélectionnez l'option **Remplacer la voix-off sur l'étape du chemin**. Recherchez le fichier audio souhaité puis double cliquez sur son nom.

Si l'étape est supprimée du chemin, le fichier audio est également supprimé.

F. Modifier les objets

1. Sélectionner un ou plusieurs objets

- Pour sélectionner un seul objet (forme, symbole, texte...), cliquez sur l'objet concerné.

Lorsqu'un objet est sélectionné, il apparaît dans un cadre de sélection bleu doté de poignées de sélection ; une barre d'outils est également visible au centre et au-dessus de l'objet sélectionné :

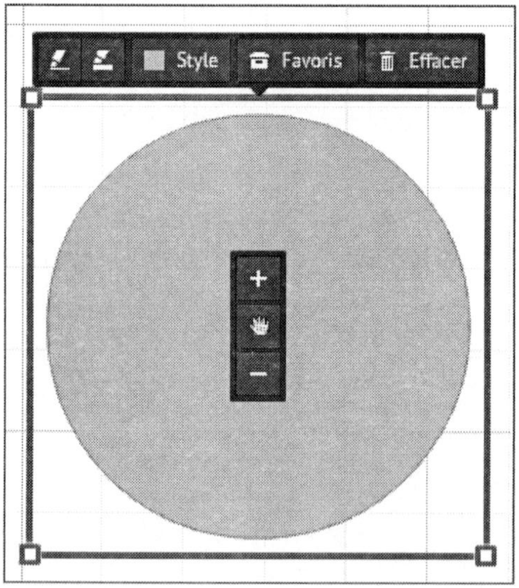

- Pour sélectionner plusieurs éléments, maintenez la touche [Shift] et, à l'aide d'un cliqué-glissé, réalisez un cadre de sélection autour des éléments à sélectionner ou cliquez sur le premier élément puis maintenez la touche [Shift] et cliquez successivement sur chacun des éléments à sélectionner.

Lorsque plusieurs éléments sont sélectionnés, ils apparaissent dans un cadre de sélection commun :

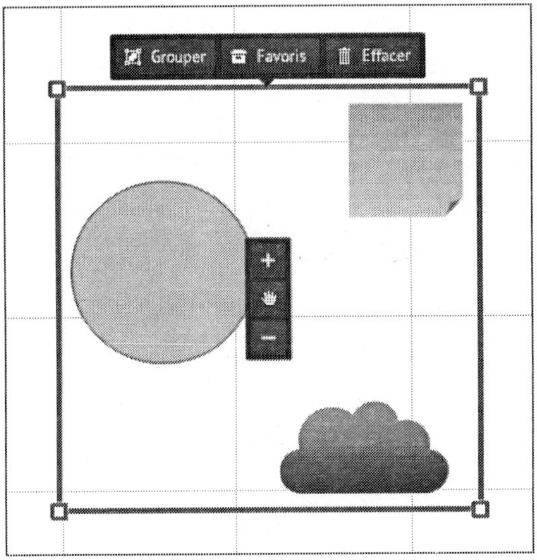

2. Déplacer un objet

- Cliquez sur l'objet à déplacer et faites-le glisser à l'emplacement voulu.

Si l'objet à déplacer est sélectionné, vous pouvez également cliquer sur l'outil puis faire glisser l'objet sur la scène.

- Pour effectuer un déplacement plus précis, utilisez les touches fléchées du clavier.

3. Copier un objet

Cette procédure utilise des raccourcis-clavier.

- Si besoin, activez les raccourcis-clavier en cliquant sur l'outil **Paramètres** puis sur le bouton **Oui** de la section **Activer les raccourcis clavier**.
- Sélectionnez le ou les objets à copier.
- Pour dupliquer la sélection d'objets, utilisez le raccourci Ctrl D ; pour dupliquer la sélection et retourner horizontalement les objets (effet miroir hormis pour le texte), utilisez le raccourci-clavier Ctrl ⇧ D.
- Pour copier la sélection dans le presse-papiers de Windows afin de les ajouter à une autre présentation ou un autre document, utilisez le raccourci-clavier Ctrl C puis affichez le contenu de destination et faites Ctrl V.

4. Modifier les dimensions

- Pour modifier la taille d'un objet, sélectionnez-le puis faites glisser une de ses poignées de sélection ou cliquez sur l'outil ou sur l'outil autant de fois que nécessaire.

Si plusieurs formes sont sélectionnées, la nouvelle taille s'applique à la sélection.

5. Supprimer un objet

- Pour supprimer un objet, sélectionnez-le puis, dans la barre d'outils qui s'affiche, cliquez sur l'outil Effacer ou appuyez sur la touche Suppr.

6. Effectuer une rotation

- Cliquez sur l'objet concerné pour le sélectionner.
- Pointez une des poignées de sélection de l'objet pour afficher la poignée de rotation.
- Cliquez sur la poignée de rotation et faites-la glisser dans le sens souhaité.

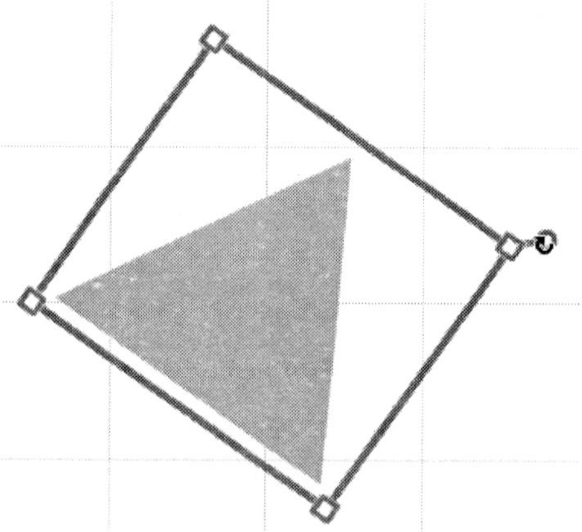

7. Grouper/dissocier des objets

Lorsque plusieurs objets sont groupés, ils ne forment alors qu'un seul objet. Toutes les actions réalisées sur un groupe d'objets (déplacement, dimension, rotation, mise en valeur) s'appliquent simultanément sur l'ensemble des objets du groupe.

- Sélectionnez les objets à grouper.
- Cliquez ensuite sur le bouton **Grouper** visible dans la barre d'outils qui s'affiche au-dessus du cadre de sélection.
- Pour dissocier le groupe, sélectionnez-le puis cliquez sur le bouton **Dégrouper**.

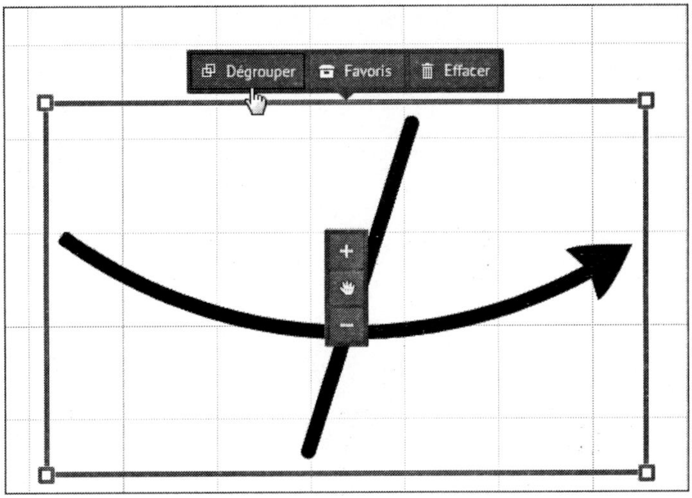

8. Modifier l'ordre de superposition

- Cliquez sur l'objet concerné pour le sélectionner.
- Faites un clic droit sur l'objet sélectionné puis choisissez une des options suivantes :

Avancer d'un plan	pour positionner la forme au-dessus de la première forme qui la superpose.
Placer au premier plan	pour positionner la forme devant toutes les autres formes.
Reculer d'un plan	pour positionner la forme derrière la première forme qui la précède.
Placer à l'arrière-plan	pour positionner la forme derrière toutes les autres formes.

G. Enregistrer des objets et les réutiliser

Lorsque vous utilisez régulièrement dans vos présentations les mêmes objets (texte, image, vidéo...), vous pouvez les enregistrer avec leur taille et mises en forme appliquées pour ensuite les insérer dans d'autres présentations.

De la même manière, vous pouvez enregistrer des étapes du chemin et également réutiliser des cadres ou des éléments existants dans d'autres présentations.

1. Enregistrer des objets dans ses Favoris

- Sélectionnez le ou les objets à enregistrer.
- Cliquez sur le bouton **Favoris**, visible dans la barre d'outils qui s'affiche au-dessus de la sélection.
- Pour ajouter une étape du chemin, sélectionnez sa vignette dans le volet gauche puis faites un clic droit sur la vignette et choisissez l'option **Ajouter aux favoris**.

2. Insérer un objet stocké dans la bibliothèque des Favoris

- Pour afficher la bibliothèque des Favoris, ouvrez le menu **Insérer** et sélectionnez l'option **Mon Contenu**.

La bibliothèque des Favoris s'affiche dans le volet droit de la fenêtre ; tous les éléments ajoutés sont visibles sous forme de vignette :

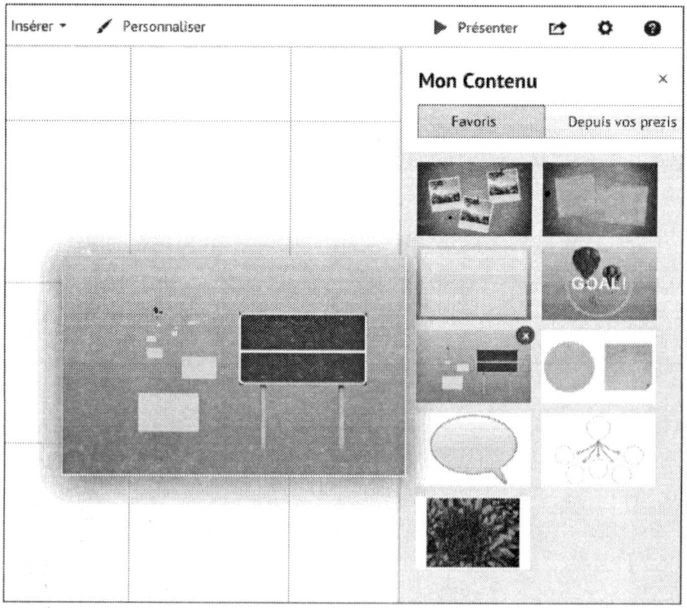

- Cliquez sur la vignette du contenu à utiliser et faites-la glisser sur la scène.
- Pour utiliser un autre contenu d'une de vos présentations, cliquez sur le bouton **Depuis vos prezis**.

H. Importer une présentation PowerPoint

Si une présentation a été réalisée dans le logiciel PowerPoint, vous pouvez l'importer dans une présentation Prezi. Néanmoins, certains éléments tels que les diagrammes SmartArt ou les images, ne seront pas importés, la police de caractères utilisée et les sauts de ligne ne seront pas non plus conservés. Il sera donc nécessaire après l'importation de retravailler la mise en forme.

- Cliquez sur le menu **Insérer** puis sur l'option **PowerPoint**.
- Dans la boîte de dialogue **Ouvrir**, accédez au dossier contenant la présentation PowerPoint à importer puis double cliquez sur l'icône du fichier.

Si vous effectuez cette procédure depuis Prezi Desktop, Prezi affiche le message suivant vous informant que le fichier doit être enregistré temporairement sur leur serveur pour finaliser l'importation :

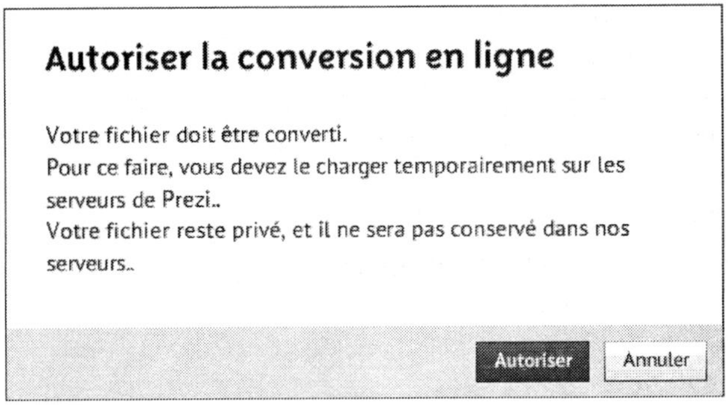

- Cliquez, dans ce cas, sur le bouton **Autoriser**.

✎ Dans le volet droit qui s'affiche, vous pouvez suivre la progression du téléchargement :

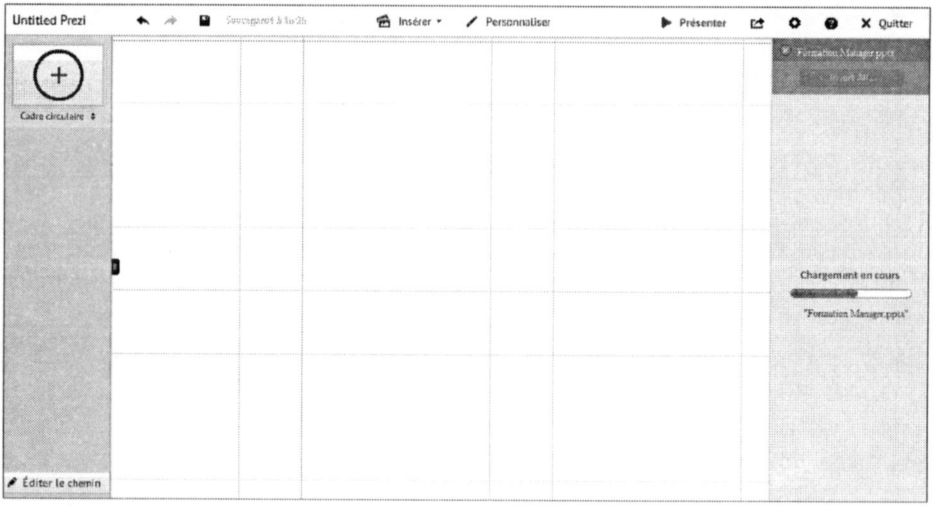

Après le téléchargement, les diapositives de la présentation apparaissent dans le volet droit sous forme de vignettes.

✎ Pour importer les diapositives une à une, cliquez sur la vignette d'une diapositive pour la sélectionner puis faites-la glisser sur la scène à l'endroit où elle doit apparaître.

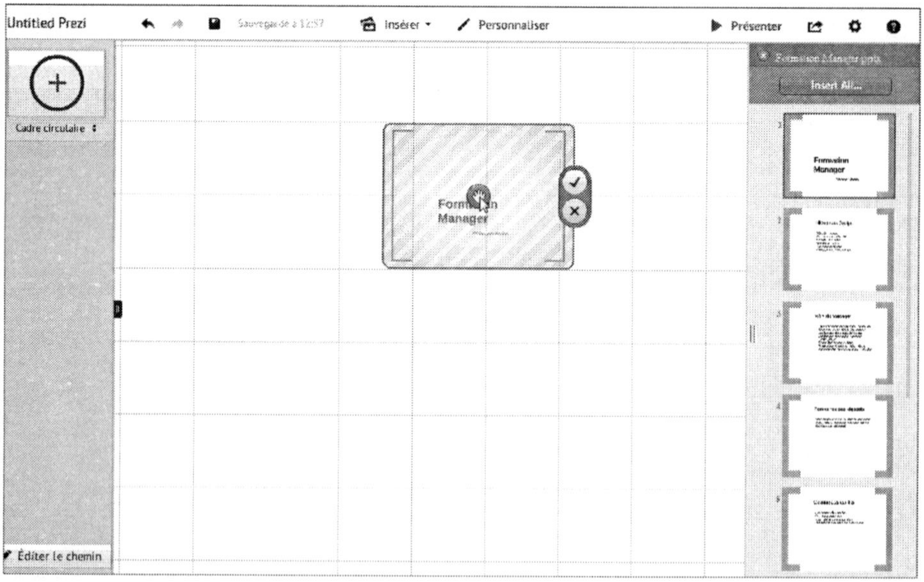

- Cliquez ensuite sur l'outil  pour valider ou sur l'outil  pour annuler l'ajout de la diapositive.
- Pour importer l'ensemble des diapositives de la présentation, cliquez sur le bouton **Insert All**, visible en haut du volet droit.

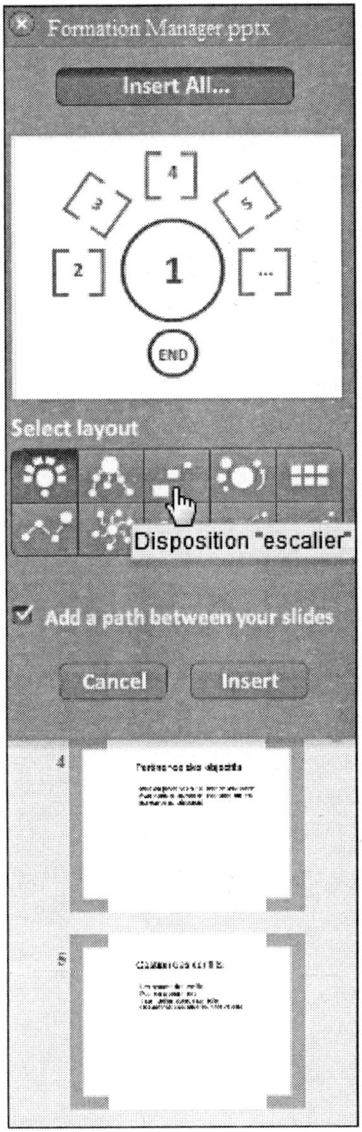

- Si besoin, choisissez, dans le cadre **Select layout**, la disposition et la mise en page à appliquer aux diapositives.

  Pour intégrer les diapositives au chemin du scénario, laissez cochée l'option **Add a path between your slides** ; décochez cette option dans le cas contraire.

  Cliquez ensuite sur le bouton **Insert**.

  Lorsque le cadre contenant l'ensemble des diapositives s'affiche dans la scène, cliquez sur l'outil ✓ pour valider ou sur l'outil ✕ pour annuler.

- Une fois les diapositives souhaitées importées, cliquez sur l'outil ✕ pour refermer le volet.

Le message suivant s'affiche :

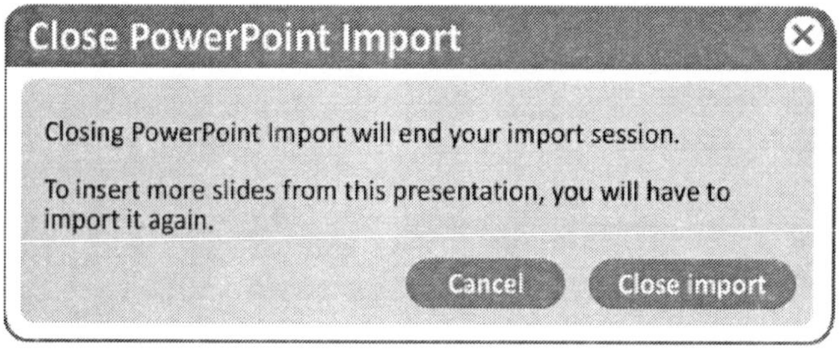

- Cliquez sur le bouton **Close import**.

> *Si vous souhaitez importer une présentation PowerPoint en conservant tous ses éléments et mises en forme appliqués, nous vous conseillons dans ce cas de convertir votre présentation en document PDF puis de l'importer dans votre présentation Prezi (cf. titre suivant).*

I. Importer un fichier PDF

L'importation d'un fichier PDF permet de conserver la mise en page, les liens hypertextes, images et graphiques du document d'origine. Ainsi, tout type de document (Word, Excel, PowerPoint) peut être importé dans une présentation Prezi s'il a été au préalable converti en fichier PDF.

- Pour importer un fichier PDF, ouvrez le menu **Insérer** et sélectionnez l'option **Depuis un fichier (PDF, vidéo)**.
- Dans la boîte de dialogue **Ouvrir**, accédez au fichier que vous souhaitez importer et double cliquez sur le nom du fichier.

Si vous effectuez cette procédure depuis Prezi Desktop, le message suivant s'affiche :

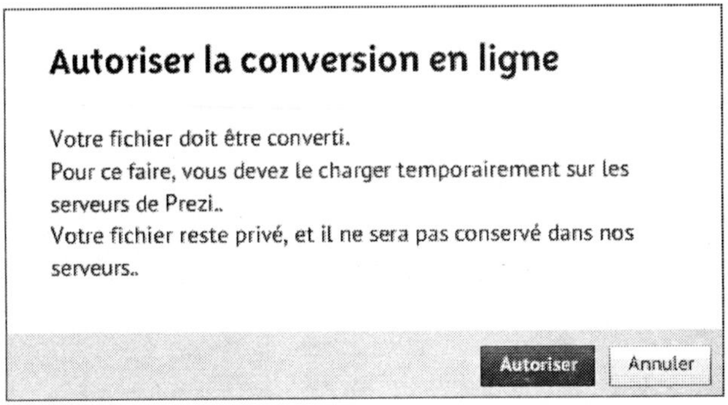

✎ Cliquez, dans ce cas, sur le bouton **Autoriser**.

Le processus d'importation du fichier se lance. Une fois l'importation terminée, le contenu du fichier apparaît dans la présentation Prezi. Sur cet exemple, il s'agit d'une présentation PowerPoint convertie en PDF. Chaque diapositive a été ajoutée à la présentation sous la forme d'une image vectorielle indépendante. Leur contenu n'est pas modifiable mais vous pouvez ensuite ajouter chacune des images au chemin du scénario, les déplacer sur la scène et les redimensionner le cas échéant.

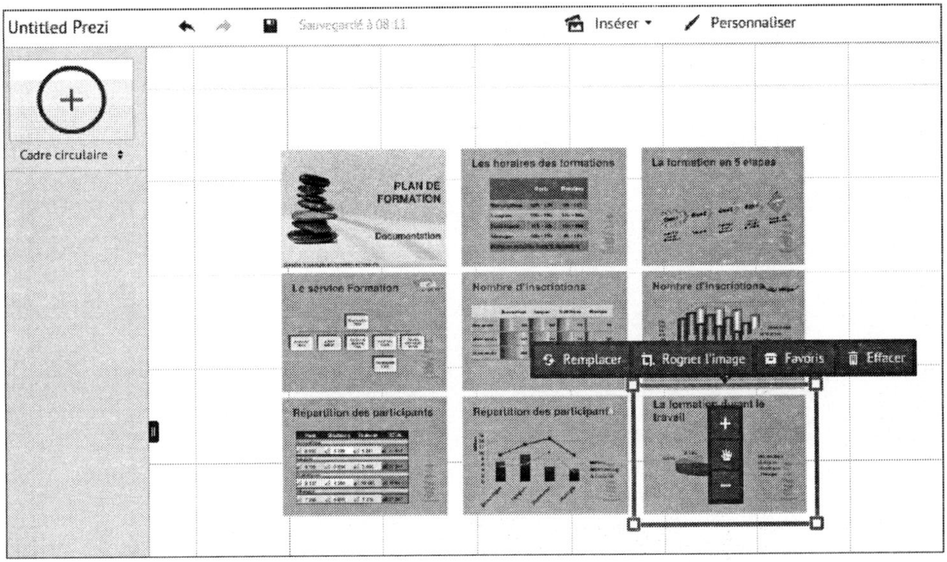

Chapitre 6

Gestion des présentations

A. Modifier le nom ou la description d'une présentation

Pour modifier le nom ou la description d'une présentation, cette dernière doit être fermée.

- Depuis la bibliothèque **Vos prezis**, cliquez sur la vignette de la présentation à modifier.
- Selon le texte à modifier, pointez ensuite le nom ou la description de la présentation visible en-dessous du cadre de la présentation.

Le symbole  apparaît à droite du nom ou de la description :

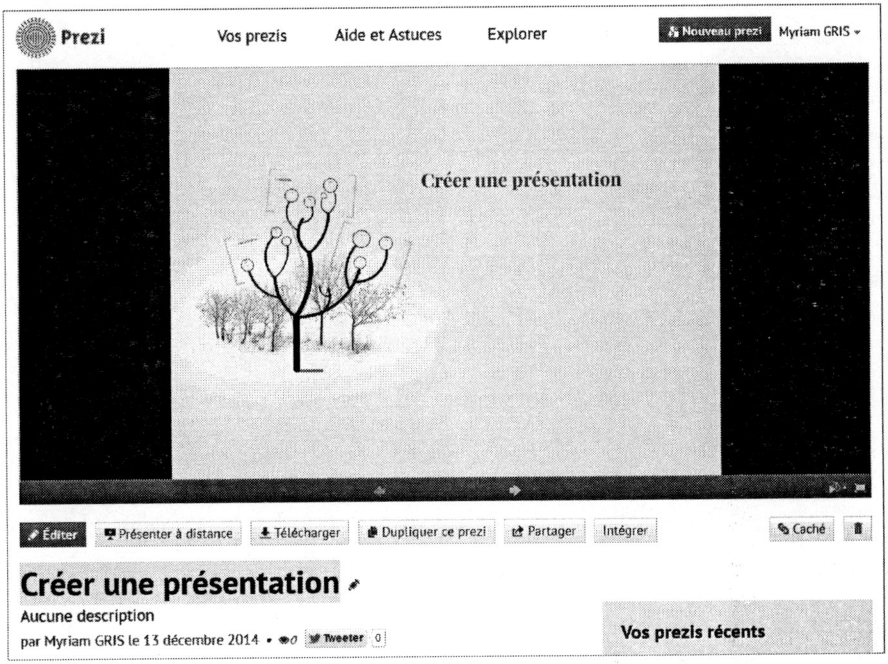

- Cliquez sur le symbole .
- Effectuez la modification souhaitée puis cliquez sur le bouton **Sauvegarder** ou appuyez sur la touche pour valider.

B. Supprimer une présentation

- Pour supprimer une présentation, pointez sa vignette puis cliquez sur l'outil qui s'affiche dans le coin supérieur droit de la vignette.

Le message d'avertissement suivant s'affiche :

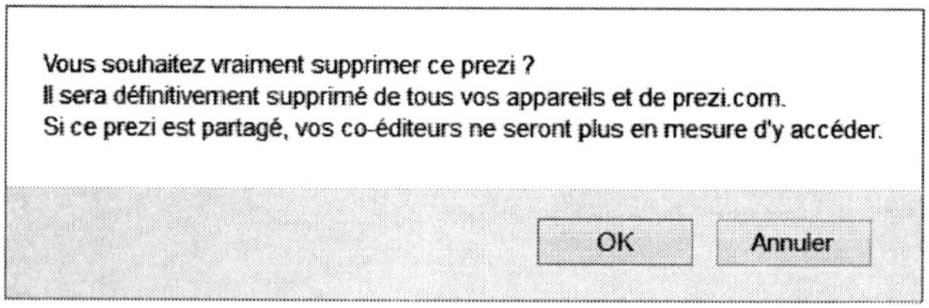

- Cliquez sur le bouton OK.

C. Copier une présentation

- Depuis la bibliothèque **Vos prezis**, cliquez sur la vignette de la présentation à copier.
- Cliquez ensuite sur le bouton **Dupliquer ce prezi**, visible en-dessous du cadre de la présentation.

La copie de la présentation apparaît dans la bibliothèque Prezi au même endroit que la présentation d'origine. Le nom de la présentation reprend celui de la présentation d'origine précédé de l'intitulé **Copy of**. Vous pouvez ensuite renommer la présentation (cf. Modifier le nom ou la description d'une présentation).

D. Classer dans des dossiers

1. Créer un dossier

- Pour créer un dossier, cliquez sur **Nouveau dossier** dans le volet gauche de la bibliothèque **Vos prezis**.

Une zone de saisie intitulée **Dossier sans titre** apparaît :

✎ Saisissez le nom à donner au dossier et cliquez sur le bouton **Renommer**.

2. Renommer un dossier

✎ Pour renommer un dossier, sélectionnez-le.

✎ Pointez ensuite son nom qui apparaît dans le volet central.

✎ Cliquez sur son nom pour afficher la zone de saisie et modifiez son nom.

✎ Validez ensuite en cliquant sur le bouton **Renommer**.

3. Supprimer un dossier

- Pour supprimer un dossier, sélectionnez-le puis cliquez sur l'outil 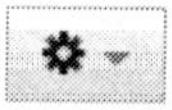 et sélectionnez l'option **Supprimer dossier**.

Le message de confirmation qui s'affiche vous indique que les présentations contenues dans ce dossier ne seront pas supprimées mais elles seront toujours visibles dans la vue **Tous les prezis** :

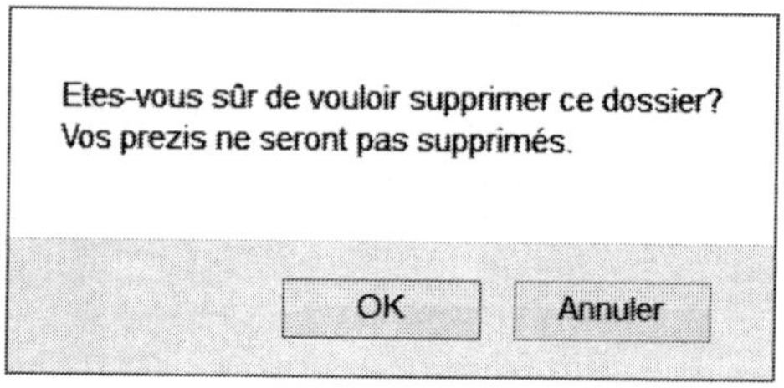

- Cliquez sur le bouton OK pour confirmer sa suppression.

4. Créer ou déplacer une présentation dans un dossier

- Pour créer une présentation dans un dossier, sélectionnez le dossier puis cliquez sur la vignette **Nouveau prezi**.
- Pour placer une présentation dans un dossier, pointez sa vignette puis cliquez sur l'outil 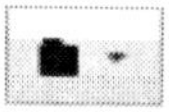 qui s'affiche en haut de la vignette.

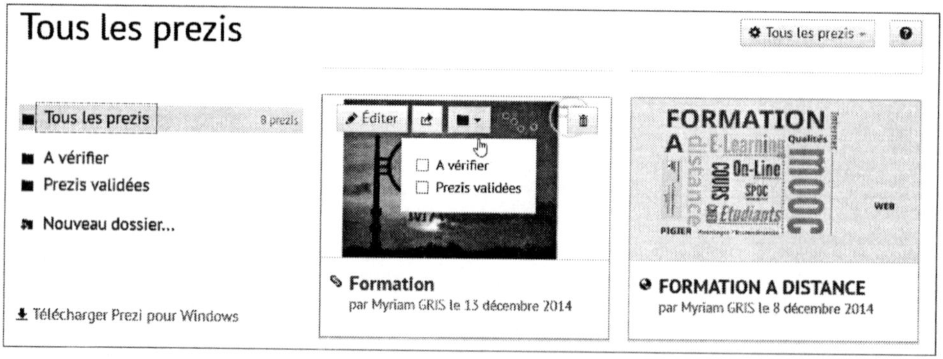

- Cochez le ou les dossiers dans lesquels la présentation doit être visible puis cliquez en dehors du menu pour le fermer.

Vous pouvez également faire glisser la vignette de la présentation sur le nom d'un dossier.

La présentation ainsi déplacée sera toujours visible dans la vue ***Tous les prezis.***

E. Convertir une présentation en fichier PDF

Lorsqu'une présentation Prezi est enregistrée au format PDF, elle conserve alors toutes les mises en forme et la mise en page appliquées mais les effets de zoom ne sont pas reproduits dans ce type de fichier.

Pour envoyer une présentation Prezi à une personne ne disposant pas d'un compte Prezi, vous pouvez convertir la présentation en fichier PDF ainsi, la personne pourra consulter la présentation et l'imprimer mais ne pourra pas la modifier.

- Ouvrez la présentation Prezi concernée en mode Édition
- Cliquez sur l'outil **Partager**, visible à droite de la barre d'outils, et sélectionnez l'option **Télécharger en PDF**.

La conversion démarre, sa progression est visible sous l'option **Télécharger en PDF** :

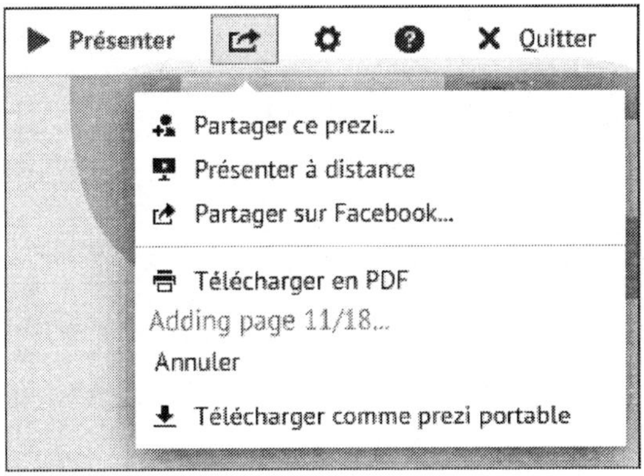

Chaque étape du chemin est convertie en page dans le fichier PDF.

Lorsque la conversion est terminée, l'intitulé **Finished all pages** s'affiche.

- Cliquez sur l'option **Sauvegarder en PDF**.
- Sélectionnez le dossier d'enregistrement du fichier, et renseignez son nom dans la zone **Nom du fichier**.
- Cliquez ensuite sur le bouton **Enregistrer**.

Chapitre 7

Collaboration et partage

A. Rendre une présentation privée ou publique

Selon le niveau de confidentialité d'une présentation, cette dernière pourra être vue par tous les utilisateurs Prezi via l'onglet **Explorer** ou seulement par quelques utilisateurs.

Dans la version gratuite de Prezi, toutes les présentations sont publiques, il n'est pas possible de modifier le niveau de confidentialité d'une présentation.

✎ Depuis la bibliothèque **Vos prezis**, cliquez sur la vignette de la présentation pour laquelle vous souhaitez modifier le niveau de confidentialité.

Le niveau de confidentialité attribué à la présentation est visible sous le cadre de la présentation, à droite. Sur cet exemple, la présentation est **Cachée** :

✎ Pour modifier le niveau, cliquez sur ce bouton.

La fenêtre suivante s'affiche :

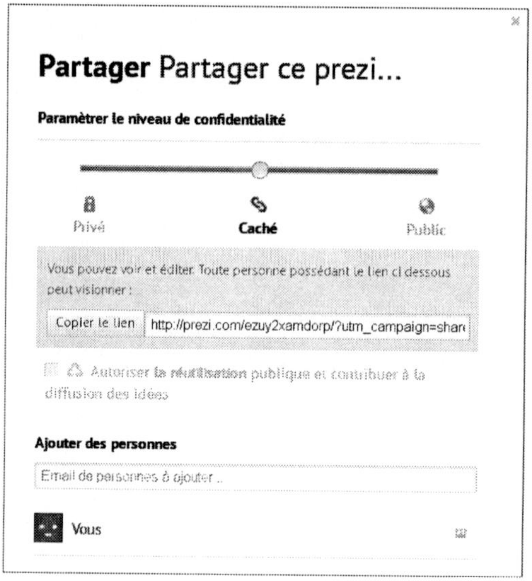

✎ Faites glisser le curseur de la réglette **Paramétrer le niveau de confidentialité** pour choisir le niveau à appliquer à la présentation :

Privé la présentation ne sera visible que par l'auteur de la présentation et les utilisateurs ayant reçu le lien d'accès ou qui partagent la présentation.

Caché la présentation ne sera visible que par l'auteur de la présentation et les utilisateurs qui recevront le lien de la présentation.

Public la présentation est visible par tous les internautes et en libre accès depuis l'onglet **Explorer**.

✎ Fermez ensuite la fenêtre.

B. Envoyer le lien d'une présentation par e-mail

Pour envoyer le lien d'une présentation à un destinataire par e-mail, la présentation doit être disponible en ligne sur le site Prezi.com ; dans le cas contraire, il sera nécessaire de la synchroniser afin de l'enregistrer sur le site (cf. Synchroniser des présentations en ligne du chapitre Découvrir Prezi Desktop). Le ou les destinataires du lien devront ensuite cliquer sur le lien envoyé pour afficher la présentation.

✎ Depuis la bibliothèque **Vos prezis**, pointez la vignette de la présentation concernée puis cliquez sur l'outil .

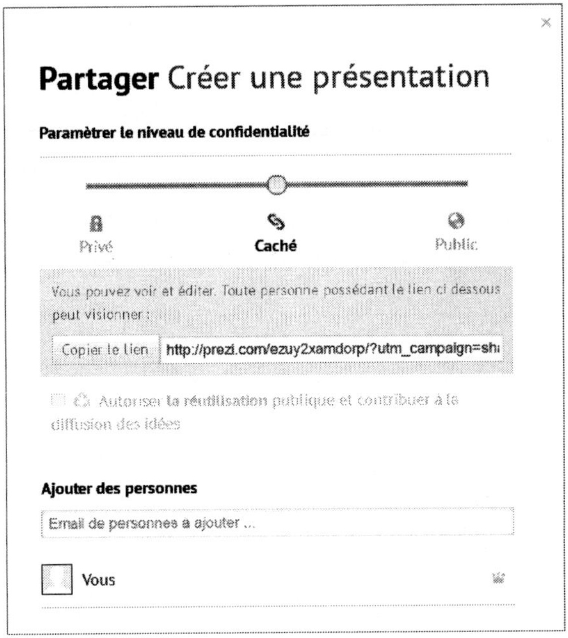

✎ Cliquez sur le bouton **Copier le lien** puis fermez la fenêtre.

Le lien d'accès à la présentation en ligne est alors copié dans le presse-papiers de Windows.

✎ Ouvrez votre logiciel de messagerie puis, dans un nouveau message, collez le lien copié en utilisant, par exemple, le raccourci-clavier Ctrl V. Renseignez l'adresse de messagerie du ou des destinataires du message puis envoyez le message.

Si le ou les destinataires du message dispose d'un compte Prezi, renseignez dans ce cas l'adresse de messagerie qui a été utilisée pour créer leur compte ; s'ils n'ont pas de compte Prezi, au chargement du lien, Prezi leur proposera alors d'en créer un.

Les destinataires du message doivent ensuite cliquer sur le lien de l'e-mail pour visualiser la présentation.

C. Partager une présentation

Selon le niveau de confidentialité choisi (uniquement pour les abonnements payants), une présentation partagée pourra être diffusée à plusieurs personnes et par plusieurs présentateurs et elle pourra également être modifiée simultanément par plusieurs utilisateurs.

1. Partager une présentation

✎ Depuis la bibliothèque **Vos prezis**, pointez la vignette de la présentation concernée puis cliquez sur l'outil  ou cliquez sur sa vignette puis sur le bouton **Partager**.

Si la présentation est ouverte en mode Édition, cliquez sur l'outil  et sur l'option **Partager ce prezi**.

La fenêtre suivante s'affiche :

✎ Faites glisser le curseur de la réglette **Paramétrer le niveau de confidentialité** pour choisir le niveau à appliquer à la présentation :

Privé (disponible uniquement pour les comptes payants) la présentation ne sera visible que par l'auteur de la présentation et les utilisateurs partageant cette présentation.

Caché (disponible uniquement pour les comptes payants) la présentation ne sera visible que par l'auteur de la présentation et les utilisateurs qui recevront le lien de la présentation.

Public la présentation est visible par tous les internautes et en libre accès.

- Si vous avez choisi le niveau de confidentialité **Caché**, cliquez sur le bouton **Copier le lien** pour dupliquer le lien de la présentation et collez-la ensuite dans le message d'un e-mail pour l'envoyer aux personnes autorisées à visionner la présentation.
- Si vous souhaitez que la présentation puisse être téléchargeable, cochez l'option **Autoriser la réutilisation publique et contribuer à la diffusion des idées**.
- Pour choisir les personnes avec lesquelles la présentation sera partagée, saisissez l'adresse de messagerie de l'utilisateur dans la zone **Ajouter des personnes** puis sélectionnez, dans la liste suivante, **Éditeur** pour autoriser la personne à modifier la présentation ou **Visionneur** si elle est seulement autorisée à visualiser la présentation.
- Cliquez ensuite sur **Ajouter**.
- Pour ajouter un autre utilisateur, répétez la procédure.

Un e-mail est automatiquement envoyé aux utilisateurs.

La liste des utilisateurs ajoutés est visible dans la partie inférieure de la fenêtre :

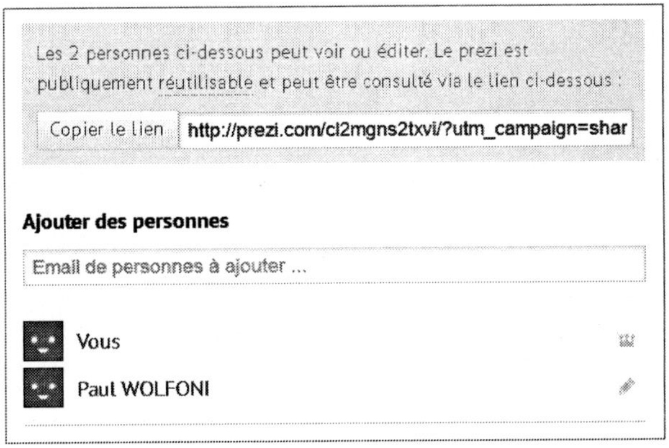

Le symbole visible en regard du nom indique le statut de l'utilisateur :

 désigne le propriétaire de la présentation.

 désigne le statut d'éditeur ; l'utilisateur peut donc modifier la présentation.

 désigne le statut de visionneur ; l'utilisateur peut seulement afficher la présentation.

- Lorsque les options de partage ont été définies, fermez la fenêtre.

Pour visionner ou éditer la présentation, ils devront cliquer sur le nom de la présentation contenu dans l'e-mail et se connecter à leur compte Prezi ; s'ils ne disposent pas de compte, Prezi leur proposera d'en créer un.

2. Modifier le statut d'un utilisateur

- Pointez la vignette de la présentation partagée puis cliquez sur l'outil ou cliquez sur sa vignette puis sur le bouton **Partager**.
- Pour modifier le statut d'un utilisateur, pointez le nom de l'utilisateur concerné puis ouvrez la liste qui apparaît en regard de son nom et choisissez, selon le cas, l'option **Editeur** ou **Visionneur**.
- Fermez ensuite la fenêtre.

3. Supprimer le partage pour un utilisateur

- Pointez la vignette de la présentation partagée puis cliquez sur l'outil ou cliquez sur sa vignette puis sur le bouton **Partager**.
- Pour supprimer le partage d'un utilisateur, pointez le nom de l'utilisateur concerné puis ouvrez la liste qui apparaît en regard de son nom et choisissez l'option **Supprimer**.
- Fermez ensuite la fenêtre.

4. Ouvrir une présentation partagée

Lorsqu'un utilisateur a partagé une présentation avec vous, vous recevez alors un e-mail contenant le nom de la présentation et le statut VOIR si vous êtes autorisé à la visualiser ou le statut EDITER si vous êtes autorisé à la modifier.

- Pour afficher ou ouvrir la présentation partagée, cliquez sur son nom ou sur son statut.

Les présentations que des utilisateurs ont choisi de partager avec vous sont visibles dans votre bibliothèque en ligne (onglet **Vos prezis**) dans la vue **Tous les prezis**. Le nom de l'auteur apparaît dans la partie inférieure de la vignette. Dans la liste **Tous les prezis**, l'option **Partagé avec vous** permet d'afficher uniquement la liste des présentations partagées :

Vous pouvez cliquer sur le lien du nom de l'auteur pour afficher son profil.

D. Partager un dossier

Lorsqu'un dossier est partagé, tout son contenu est partagé avec les utilisateurs de votre choix. Les présentations ajoutées au dossier seront alors automatiquement visibles dans leur bibliothèque et un mail d'alerte leur sera envoyé à chaque fois qu'une nouvelle présentation sera déplacée dans le dossier. Par défaut, les utilisateurs pourront seulement lire les présentations.

- Pour partager un dossier, sélectionnez-le puis cliquez sur le bouton **Ajouter un visionneur**.

- Saisissez l'adresse de messagerie de l'utilisateur dans la zone **Ajouter des personnes dans ce dossier** et cliquez sur **Ajouter**.
- Répétez l'opération pour ajouter un autre utilisateur.

Un e-mail est automatiquement envoyé aux utilisateurs ajoutés.

- Cliquez ensuite sur OK.

Lorsque le dossier est sélectionné, le nombre d'utilisateurs avec lesquels le contenu du dossier est partagé est indiqué :

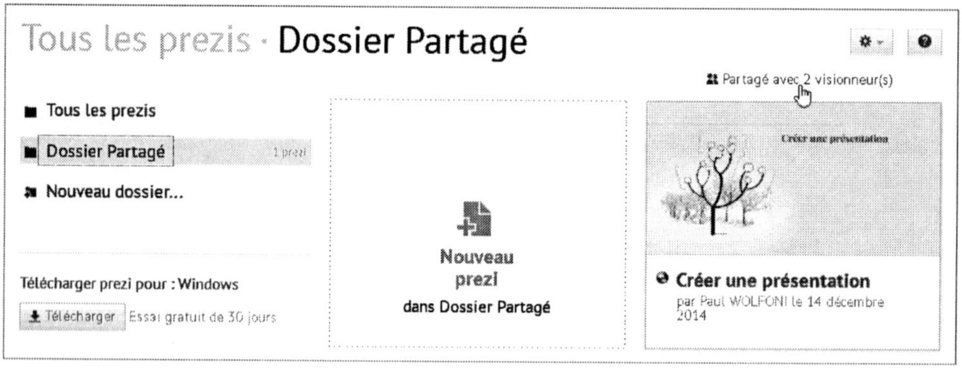

- Pour ajouter ou supprimer des utilisateurs, cliquez sur le nombre de visionneurs indiqué.
- Pour ajouter des utilisateurs supplémentaires, saisissez leur adresse de messagerie dans la zone de saisie.
- Pour supprimer un des utilisateurs de la liste, pointez son nom puis cliquez sur l'icône  qui s'affiche en regard de son nom.
- Cliquez ensuite sur OK.

Par défaut, les utilisateurs peuvent seulement afficher les présentations du dossier, pour qu'ils puissent les modifier, il faut dans ce cas leur attribuer le statut d'Éditeur pour chacune des présentations :

- Pour modifier le statut des utilisateurs, sélectionnez le dossier puis pointez la vignette de la présentation concernée par la modification et cliquez sur l'outil .
- Dans la liste des utilisateurs, pointez le nom de l'utilisateur pour lequel vous souhaitez modifier le statut puis ouvrez la liste et sélectionnez l'option **Éditeur**.

- Fermez ensuite la fenêtre **Partager**.

E. Travailler à plusieurs sur une présentation

Pour pouvoir travailler à plusieurs sur une même présentation, elle doit avoir été au préalable partagée par l'auteur de la présentation et les personnes avec lesquelles elle est partagée doivent avoir le statut **Editeur** (cf. titre précédent).

1. Ouvrir une présentation partagée

Lorsqu'une présentation partagée est ouverte par plusieurs utilisateurs, une barre latérale grise est visible à droite de la scène. Le nombre d'utilisateurs est indiqué (ici, 2 utilisateurs) ainsi que des pictogrammes représentant l'avatar des utilisateurs. Sur la scène, l'emplacement modifié par les utilisateurs est symbolisé par un pictogramme (ici, **Paul Wolfoni**).

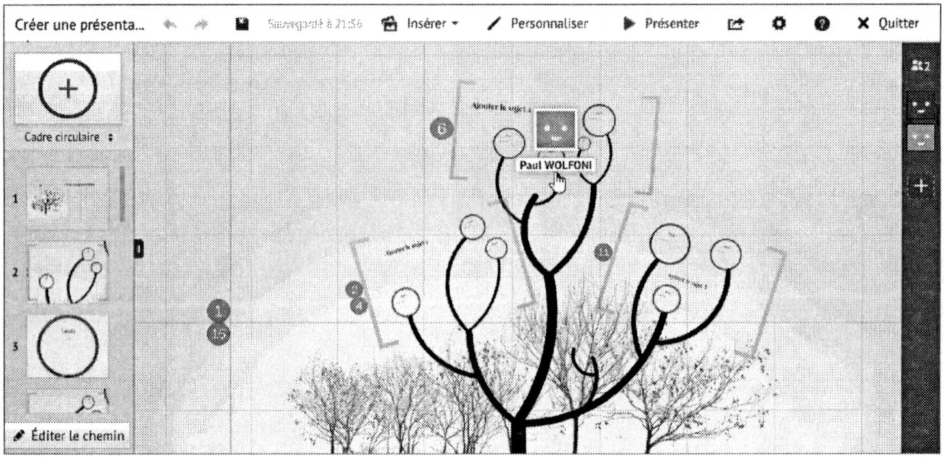

✎ Pour ouvrir la barre latérale, cliquez sur un endroit vide de la barre ou pointez-la et cliquez sur l'outil .

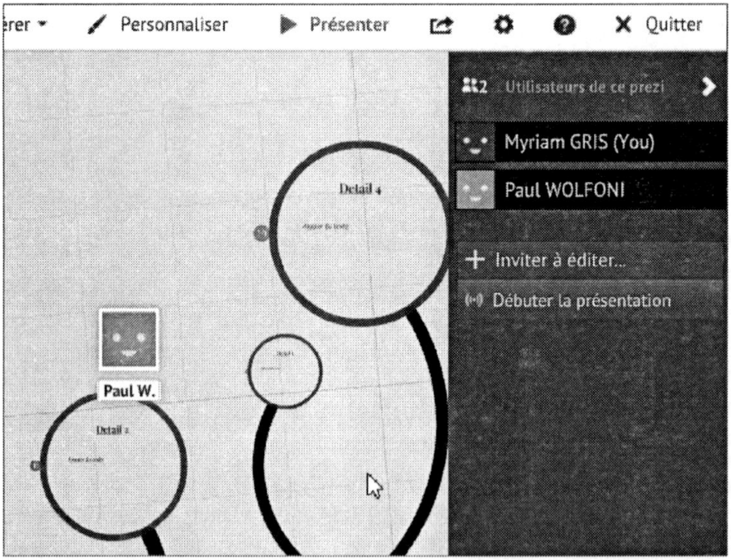

✎ Pour afficher plus précisément l'endroit qu'un utilisateur modifie, cliquez sur son nom dans la barre latérale et sélectionnez l'option **Zoom vers la position choisie**.

✎ Pour afficher la page de profil d'un utilisateur et visualiser ainsi ses présentations partagées ou publiques, cliquez sur son nom dans la barre latérale et sélectionnez l'option **Ouvrir le profil**.

2. Inviter d'autres utilisateurs

Depuis une présentation partagée ouverte en mode Édition, vous pouvez inviter d'autres utilisateurs à éditer la présentation.

- Dans la barre latérale visible à droite de la scène, cliquez sur l'outil ou sur le bouton **Inviter à éditer**.
- Dans la zone **Ajouter des personnes** de la fenêtre **Partager** qui s'affiche, renseignez l'adresse de messagerie des personnes avec lesquelles vous souhaitez partager la présentation.
- Fermez ensuite la fenêtre **Partager**.

F. Présenter à plusieurs une présentation

Lorsqu'une présentation est partagée entre plusieurs utilisateurs, chaque utilisateur peut alors à tout moment pendant la diffusion de la présentation devenir le présentateur principal.

- Chaque présentateur doit ouvrir la présentation à présenter en mode Édition.
- Dans la barre latérale, à droite de la scène, cliquez sur le pictogramme représentant votre avatar et sélectionnez l'option **Débuter la présentation**.

Le nombre de présentateurs ainsi que leur pictogramme sont visibles dans la barre latérale, à droite de la fenêtre ; le symbole indique l'utilisateur qui est en train de présenter :

Sur le poste des utilisateurs qui partagent la présentation, une info-bulle leur indique qu'un collaborateur a lancé la présentation :

Pour participer à la présentation, ils doivent alors cliquer sur le bouton **Rejoindre**.

✎ Pour choisir de diffuser la présentation à distance, cliquez sur l'outil [+].

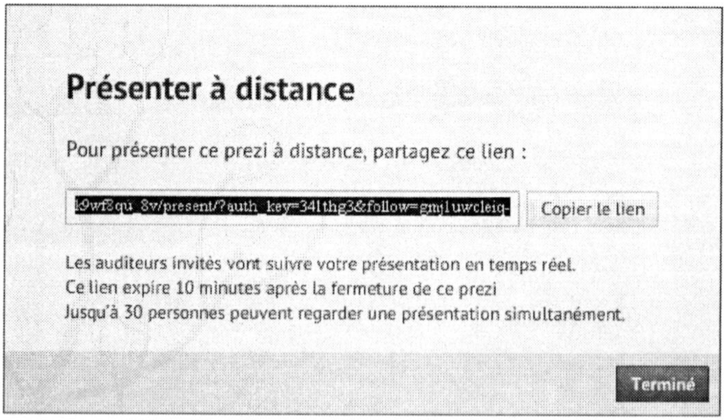

✎ Cliquez sur le bouton **Copier le lien** puis sur le bouton **Terminé**.

Collez ensuite le lien dans un message et envoyez-le aux destinataires que vous souhaitez inviter.

Le lien envoyé a une durée de 10 minutes, les destinataires doivent donc l'activer pendant ce délai.

Le nombre de personnes ayant rejoint la présentation est renseigné sous le nom du présentateur :

Au cours de la publication, le présentateur peut choisir un autre présentateur parmi les utilisateurs qui partagent la présentation.

✎ Pour désigner un autre présentateur, cliquez sur le pictogramme de l'utilisateur choisi et sélectionnez l'option **Changer de présentateur**.

Tous les participants sont alors informés du changement de présentateur.

✎ Pour interrompre la présentation, cliquez sur la barre latérale puis sur le bouton **Arrêter la présentation**.

Seul le présentateur actif peut choisir d'interrompre la présentation. Si les autres participants souhaitent poursuivre la présentation, ils pourront alors cliquer sur le bouton **Débuter la présentation**.

G. Commenter des présentations

Vous pouvez apporter des commentaires sur toutes les présentations publiques ainsi que celles qui ont été partagées avec vous.

✎ Cliquez sur la vignette de la présentation à commenter.

✎ Cliquez ensuite dans la zone de saisie **Commentaires** et renseignez le commentaire souhaité (300 caractères maximum sont autorisés).

Le nombre de caractères saisis apparaît en vert sous la zone de saisie :

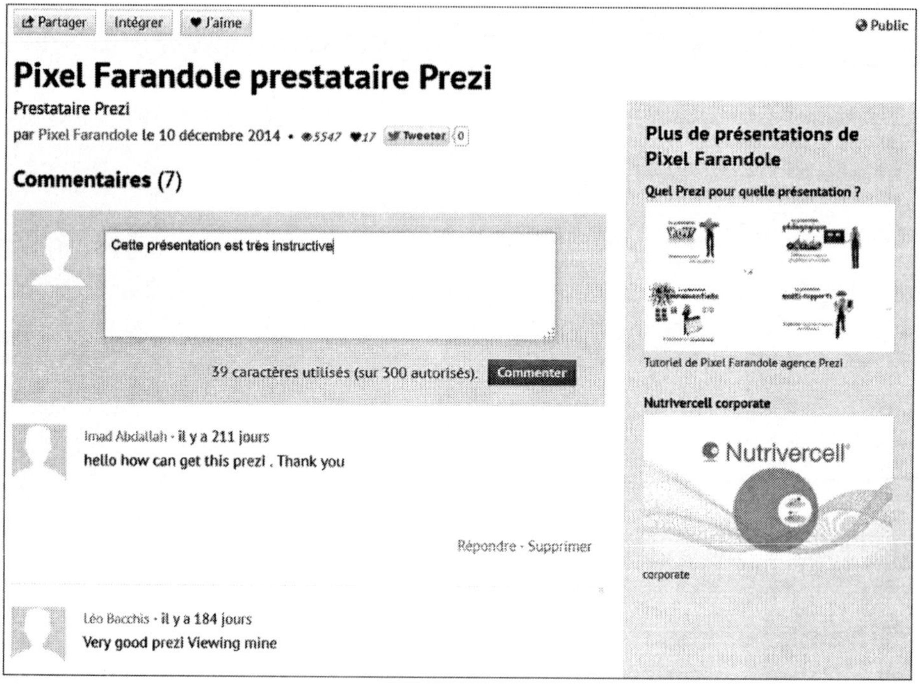

Le nombre de commentaires publiés est indiqué entre parenthèses et tous les commentaires déjà postés sont visibles sous la zone de saisie.

✎ Cliquez ensuite sur le bouton **Commenter**.

Une fois publié, le commentaire apparaît en haut de la liste.

✎ Pour répondre à un commentaire, cliquez sur le lien **Répondre** correspondant. Saisissez le texte de votre réponse dans la zone **Add comment** puis cliquez sur le bouton **Répondre**.

Si vous êtes le propriétaire de la présentation, vous pouvez supprimer les commentaires en cliquant sur le lien **Supprimer** *correspondant.*

H. Intégrer une présentation sur une page web

Pour afficher une présentation sur votre site web ou sur votre blog, vous pouvez copier le code HTLM de la présentation et l'ajouter à votre site.

- Cliquez sur la vignette de la présentation concernée.
- Cliquez sur le bouton **Intégrer**.

- Dans les zones **Largeur** et **Hauteur**, modifiez, si besoin, la taille du cadre.
- Si vous souhaitez que les utilisateurs puissent se déplacer librement dans la présentation, laissez active l'option **Laisser les internautes se déplacer & zoomer librement** ; si vous souhaitez limiter la navigation à l'utilisation des flèches de déplacement, activez l'option **Contraindre à de simples allers et venues**.
- Cliquez ensuite sur le bouton **Copier le code dans le presse-papier** et fermez la fenêtre.
- Ouvrez votre éditeur HTML et collez le code à l'endroit souhaité.

S'il s'agit d'une présentation publique, un lien de renvoi à la présentation sur le site Prezi.com sera visible sous le lecteur.

I. Partager une présentation sur les réseaux sociaux

Cette procédure permet de partager une présentation sur les médias sociaux Facebook, Twitter et LinkedIn et également d'envoyer un lien à un(e) collègue par e-mail. Il est nécessaire d'avoir un compte sur le réseau social pour pouvoir publier la présentation.

- Ouvrez la présentation en mode Édition.
- Cliquez sur l'outil  et sélectionnez l'option **Partager sur Facebook**.

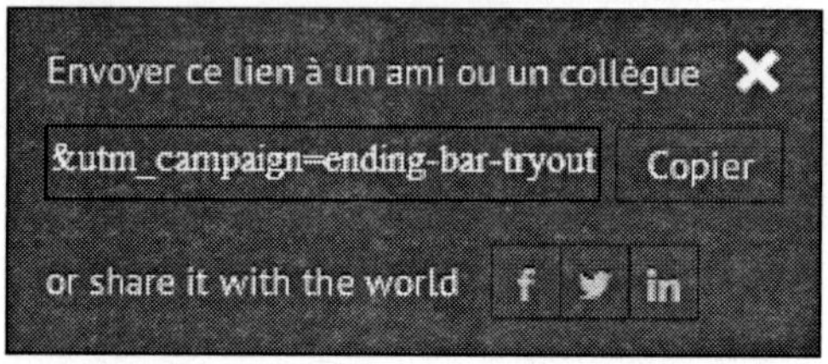

- Si vous souhaitez envoyer le lien à un utilisateur, cliquez sur le bouton **Copier** puis collez le lien dans un e-mail et envoyez-le aux utilisateurs de votre choix.

  Pour partager la présentation sur un réseau social, cliquez sur le bouton :

  Facebook

  Twitter

  LinkedIn

- Dans la fenêtre qui s'affiche, renseignez vos identifiants de votre compte sur le réseau social choisi et validez pour vous connecter.

Si vous avez créé un compte Prezi en utilisant vos identifiants Facebook ou Twitter, il n'est pas nécessaire de renseigner votre adresse et mot de passe, la connexion est dans ce cas automatique.

Sur cet exemple, la présentation est publiée sur Facebook, vous pouvez choisir dans la première liste, l'endroit où la présentation doit être publiée (**Sur votre propre journal**, **Sur le journal d'un(e) ami(e)**, **Dans un groupe** ou **Dans un message privé**) ; dans la zone de saisie, vous pouvez ajouter un commentaire et la liste **Personnalisé** permet de choisir les personnes autorisées à voir la publication si vous avez choisi d'afficher la présentation sur votre propre journal :

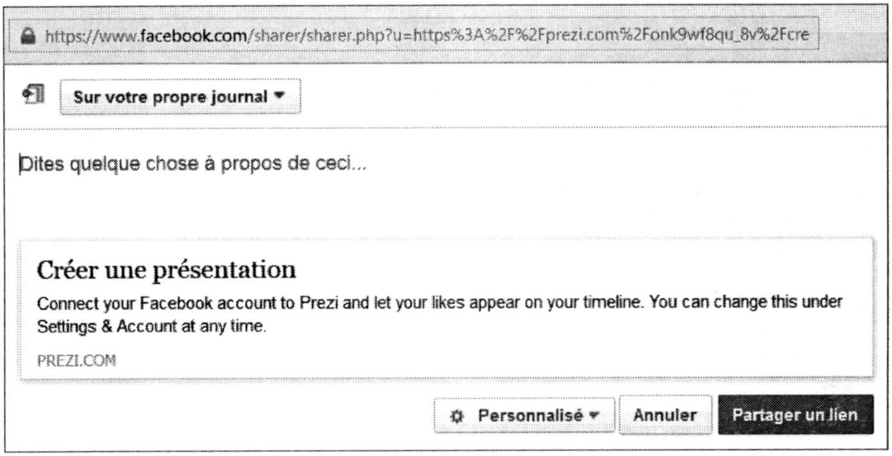

✎ Après avoir choisi vos critères de diffusion, cliquez sur le bouton **Partager un lien** pour valider.

Chapitre 8
Gestion du compte

A. Afficher les paramètres de son compte

Après vous êtes connecté à votre compte sur le site **Prezi.com**, cliquez sur votre nom d'utilisateur, qui apparaît dans le coin supérieur droit de la fenêtre, et sélectionnez l'option **Paramètres et Compte**.

La page des paramètres de votre compte est constituée des informations suivantes :

Votre profil : votre photo apparaît à cet emplacement si vous avez connecté votre compte Prezi à votre compte Facebook ou LinkedIn et qu'elle a été ajoutée à ce dernier. Dans le cas contraire, les boutons **Connecter à Facebook** et **Connecter à LinkedIn** vous permettent d'associer votre compte de réseau social à celui de Prezi.

Vos détails de licence : indique l'abonnement souscrit, son prix ainsi que l'espace de stockage utilisé en ligne.

Informations personnelles : vous permet de modifier vos nom et prénom et de renseigner un commentaire vous concernant.

Préférences de notification : permet d'être prévenu par e-mail dès qu'un utilisateur commente une de vos présentations ou répond à un commentaire.

Lien du profil public : ce lien donne accès à la page de votre profil sur laquelle seront visibles les présentations publiques que vous avez créées. Vous pouvez envoyer ce lien par exemple aux personnes de votre choix pour qu'elles puissent accéder plus facilement à vos présentations.

Langue : permet de modifier la langue choisie lors de votre inscription.

Email : indique l'adresse de messagerie renseignée lors de votre inscription et vous donne la possibilité de la modifier.

Changer le mot de passe : permet de modifier le mot de passe de votre compte Prezi.

Supprimer votre compte : permet de supprimer votre compte Prezi ainsi que toutes les présentations créées.

✎ Pour revenir à la bibliothèque, cliquez sur l'onglet **Vos prezis**.

B. Modifier son mot de passe

✎ Affichez la page des paramètres de votre compte en choisissant l'option **Paramètres et Compte** dans la liste de votre nom d'utilisateur.

✎ Faites défiler la page pour afficher la section **Changer le mot de passe**.

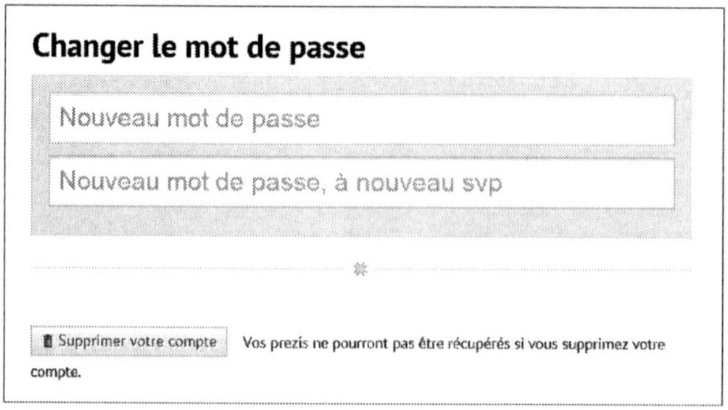

- Dans la zone **Nouveau mot de passe**, saisissez le nouveau mot de passe puis, dans la zone suivante, saisissez-le à nouveau.

Pendant la saisie, vous pouvez faire un clic maintenu sur l'outil  qui s'affiche à droite de la zone de saisie pour afficher les caractères du mot de passe.

- Cliquez ensuite sur le bouton **Sauvegarder les modifications**.

La fenêtre qui s'affiche vous demande de saisir votre mot de passe pour confirmer les modifications effectuées :

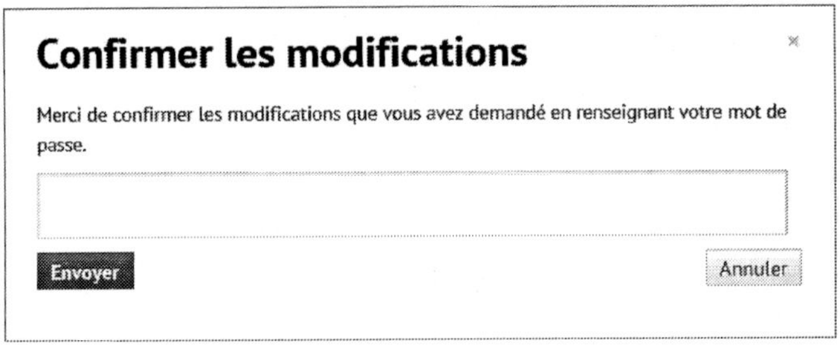

- Saisissez votre mot de passe dans la zone de saisie puis cliquez sur le bouton **Envoyer**.
- Pour revenir à la bibliothèque, cliquez sur l'onglet **Vos prezis**.

C. Afficher la page de son profil

La page du profil de votre compte est visible à tous les internautes (si vous avez choisi de le rendre public) ou aux utilisateurs d'une licence payante.

- Pour afficher la page de votre profil, cliquez sur votre nom d'utilisateur, en haut de la fenêtre, et choisissez l'option **Page de profil**.

Cette page affiche votre photo (si vous avez associé votre compte à celui de Facebook), éventuellement une description ainsi que les présentations publiques que vous avez créées et celles que vous avez aimées (via le bouton ♥ J'aime) :

✎ Pour renseigner une description, cliquez sur le lien **Dîtes quelque chose à propos de vous**.

La page **Paramètres** de votre compte s'ouvre et affiche la zone de saisie **Votre profil** :

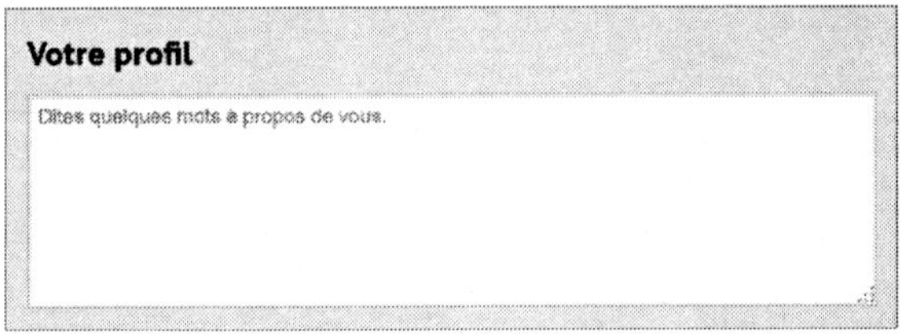

✎ Saisissez le texte de votre description puis cliquez sur le bouton **Sauvegarder les modifications**.

Pour supprimer cette description, affichez, si besoin, la page **Paramètres** de votre compte puis sélectionnez le texte de la description et appuyez sur la touche Suppr. Cliquez ensuite sur le bouton **Sauvegarder les modifications**.

*Vous pouvez aussi envoyer le lien de votre page de profil par e-mail aux destinataires de votre choix en le copiant depuis la page **Paramètres** de votre compte (section **Lien du profil public**).*

D. Choisir un profil privé ou public

Un profil public est visible par tous les internautes tandis qu'un profil privé sera visible uniquement pour les utilisateurs Prezi disposant d'une licence payante.

✎ Affichez la page de votre profil en choisissant l'option **Page de profil** dans la liste de votre nom d'utilisateur, en haut de la fenêtre.

Le profil défini est indiqué à gauche des icônes 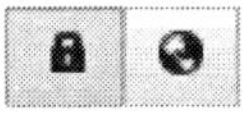 ; sur cet exemple, le profil est privé :

- Cliquez sur l'icône  pour rendre le profil public ou sur l'icône  pour qu'il soit privé.

> *Depuis la page **Paramètres** de votre compte, vous pouvez également choisir le type de profil (**Profil privé** ou **Profil public**) dans la section **Lien du profil public**.*

E. Associer son compte à Facebook ou LinkedIn

Lorsque vous associez votre compte de réseau social (Facebook ou LinkedIn) à votre compte Prezi, les présentations créées seront alors automatiquement publiées sur votre compte Facebook ou LinkedIn.

Si vous avez choisi lors de votre inscription à Prezi d'utiliser les identifiants de votre compte Facebook ou LinkedIn, vos comptes sont alors automatiquement liés. Vous pouvez à tout moment vous déconnecter de votre compte de réseau social.

- Pour connecter votre compte Facebook ou LinkedIn à votre compte Prezi, affichez la page **Paramètres** en choisissant l'option **Paramètres et Compte** dans la liste de votre nom d'utilisateur:
- Dans la section **Votre profil**, cliquez sur le bouton **Connecter à Facebook** ou **Connecter à LinkedIn**.

La page suivante s'affiche si vous avez cliqué sur le bouton **Connecter à LinkedIn** :

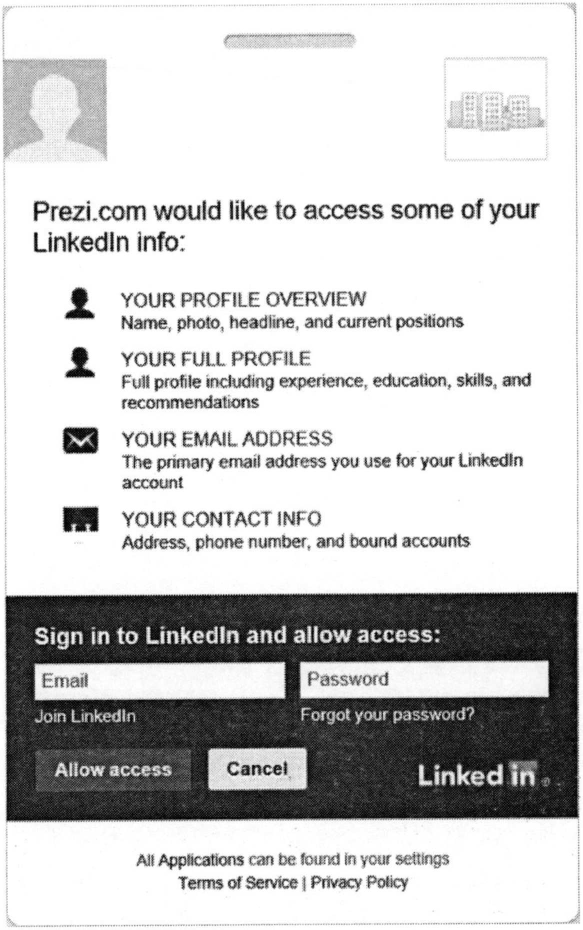

Si vous avez choisi de vous connecter à Facebook, la page suivante s'affiche :

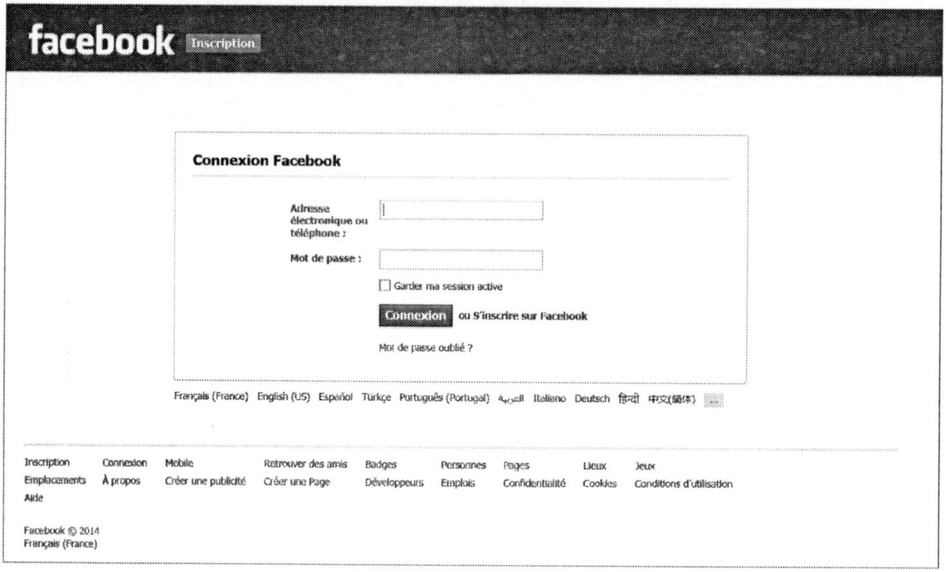

✎ Renseignez vos identifiants de connexion à votre compte de réseau social puis cliquez sur le bouton **Allow access** (LinkedIn) ou **Connexion** (Facebook).

Après vous êtes connecté à Facebook, la page suivante peut s'afficher :

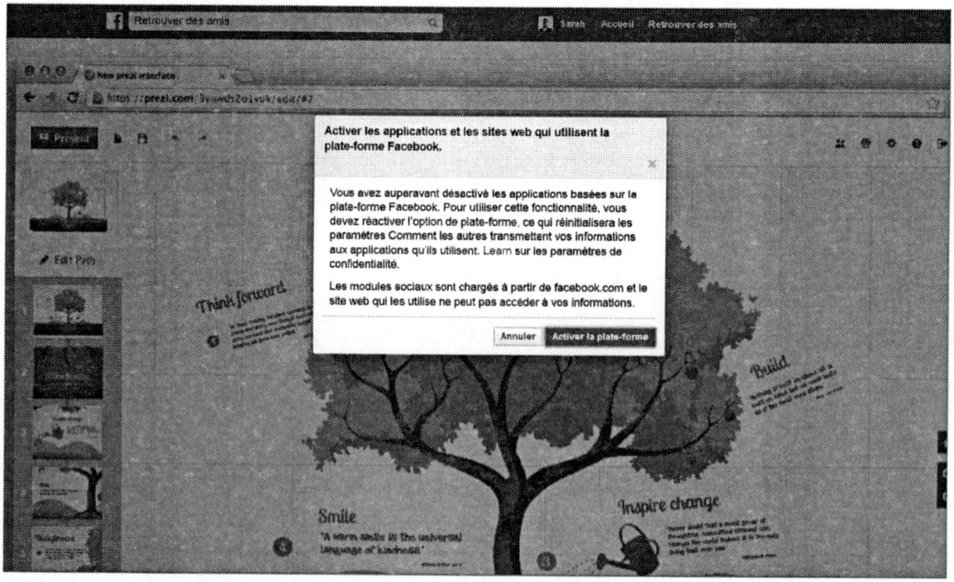

✎ Cliquez, dans ce cas, sur le bouton **Activer la plate-forme**.

Le message qui apparaît ensuite vous avertit que Prezi utilisera les informations de votre profil Facebook ainsi que la liste d'amis et votre adresse de messagerie.

✎ Cliquez sur OK.

Si vous avez ajouté une photo à votre profil Facebook, cette dernière est automatiquement reprise dans votre profil Prezi :

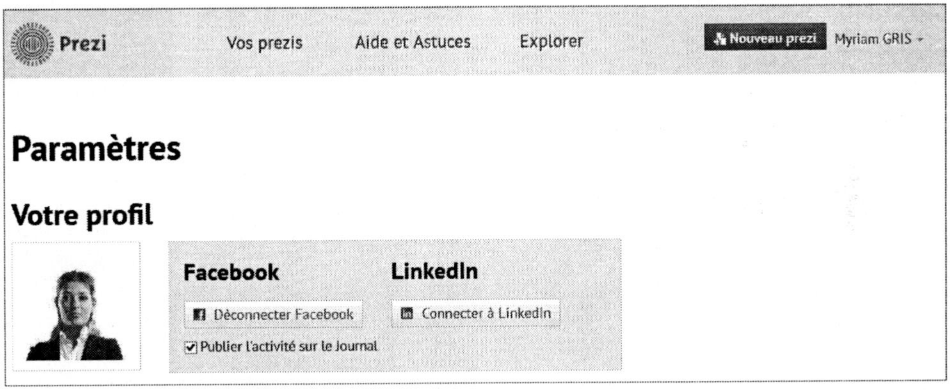

Le bouton **Déconnecter Facebook** ou **Déconnecter LinkedIn** vous permet d'annuler la liaison entre votre compte Prezi et celui de votre réseau social.

✎ Si vous ne souhaitez pas que vos commentaires et les présentations que vous avez « likées » soient également visibles dans votre journal Facebook, décochez l'option **Publier l'activité sur le journal**.

Lorsque votre compte Prezi est associé à celui de Facebook, le bouton 

visible sous les présentations Prezi publiques vous permet d'ajouter la présentation dans vos publications Facebook :

Les présentations que vous avez « aimées » sont ensuite visibles dans la page de votre profil Prezi.

F. Se déconnecter

✎ Pour se déconnecter de son compte Prezi, cliquez sur votre nom d'utilisateur, en haut de la fenêtre, et choisissez l'option **Se déconnecter**.

G. Annuler/réactiver son abonnement

1. Annuler son abonnement

L'annulation d'un abonnement ne supprime pas votre compte. Il permet seulement d'interrompre le règlement de votre abonnement. Votre abonnement sera considéré comme expiré cependant les présentations que vous avez créées seront toujours enregistrées dans votre compte mais vous ne pourrez pas les modifier ou créer de nouvelles présentations. Pour pouvoir à nouveau en disposer, vous devrez réactiver votre abonnement ou choisir un compte public gratuit.

Si vous avez souscrit un abonnement et que vous ne souhaitez pas le poursuivre après votre période d'essai de 30 jours gratuite, vous pouvez alors suivre cette procédure pour y mettre fin sans qu'aucun prélèvement ne soit effectué.

✎ Affichez la page **Paramètres** de votre compte.

✎ Faites défiler la page et, dans la section **Vos achats**, cliquez sur le lien **Annuler l'abonnement**.

Le lien **continuer avec une licence publique** vous permet d'annuler l'abonnement en cours et de le convertir en compte public et gratuit.

✎ Renseignez votre mot de passe puis cliquez sur le bouton **Annuler l'abonnement**.

✎ Saisissez éventuellement la raison pour laquelle vous souhaitez annuler l'abonnement et cliquez sur le bouton **Envoyer** sinon cliquez sur **Je n'ai pas le temps**.

2. Réactiver son abonnement

✎ Pour réactiver son abonnement, connectez-vous au site Prezi.com et renseignez vos identifiants de connexion.

Le message suivant apparaît :

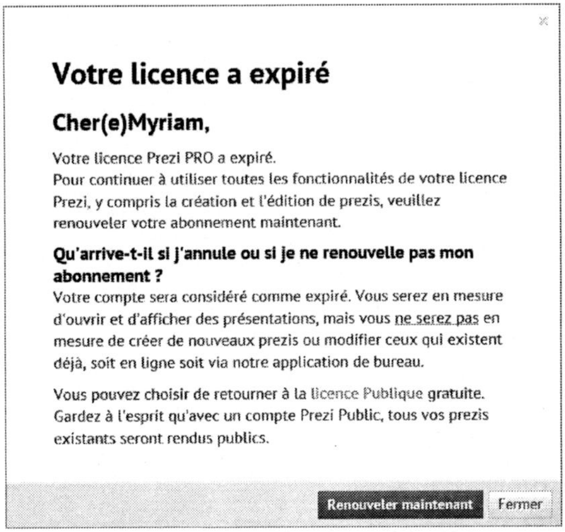

✎ Pour choisir un abonnement autre qu'une licence publique, cliquez sur le bouton **Renouveler maintenant** et choisissez un des abonnements proposés en suivant la procédure.

Pour utiliser uniquement un compte public et gratuit, cliquez sur le lien **licence Publique**.

Dans ce dernier cas, le message qui s'affiche vous avertit que vos présentations (existantes et à venir) seront publiques :

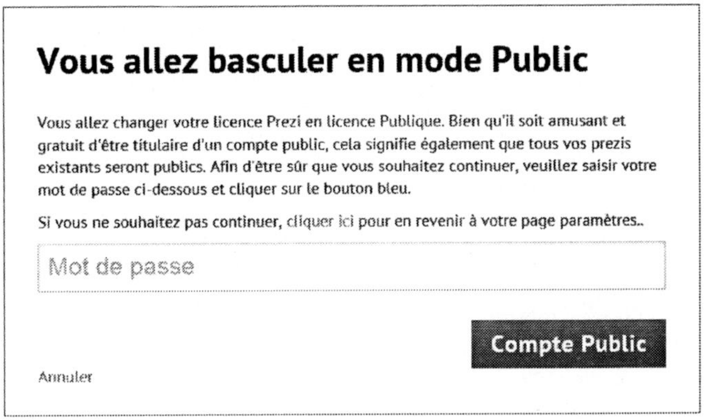

✎ Saisissez votre mot de passe et validez en cliquant sur le bouton **Compte Public**.

H. Supprimer son compte

La suppression d'un compte supprime également toutes les présentations que vous avez créées et il ne sera plus possible ensuite de les récupérer.

Si vous utilisez un abonnement payant, vous devez au préalable annuler votre abonnement (cf. titre précédent).

✎ Affichez la page **Paramètres** de votre compte.

✎ Faites défiler la page jusqu'en bas et cliquez sur le bouton **Supprimer votre compte**.

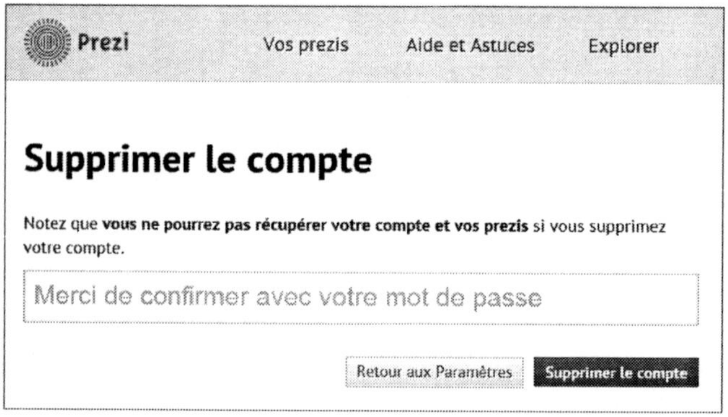

✎ Saisissez votre mot de passe puis cliquez sur le bouton **Supprimer le compte**.

Chapitre 9

Exemple d'application

A. Introduction

Dans ce chapitre, nous allons créer la présentation illustrée ci-après et vous présenter chaque étape pour son élaboration.

Les images utilisées dans cet exercice ainsi que le diaporama de la présentation finale sont téléchargeables depuis notre site http://www.editions-eni.fr à partir de la page présentant ce livre : pour y accéder rapidement, tapez la référence du livre **SOBPRE** dans la zone de recherche, validez puis cliquez sur le livre.

Les étapes de la conception sont les suivantes :

- **Étape 1 : Conceptualiser la présentation** : il s'agit de réfléchir puis de schématiser sur papier ou à l'aide d'une carte mentale les informations clés de la présentation.

- **Étape 2 : Préparer la scène** : avant d'ajouter les éléments, nous devons effectuer quelques réglages préparatoires concernant la scène, à savoir, le choix de la résolution de l'écran, le choix du thème à utiliser à savoir les couleurs et polices de caractères ainsi que la couleur de l'arrière-plan. Pour pouvoir ensuite utiliser ce thème dans d'autres présentations, nous l'enregistrerons.
- **Étape 3 : Ajouter des éléments** : à cette étape, nous ajouterons tous les éléments (images, texte, formes, vidéos) qui composeront chacune des vues de cette présentation. Pour faciliter le déplacement et l'affichage des vues, nous ajouterons au préalable des cadres invisibles rendant ainsi les vues accessibles depuis la barre latérale gauche.
- **Étape 4 : Définir le scénario** : les éléments étant ajoutés, nous déciderons du cheminement à suivre pendant la projection en déterminant le scénario de la présentation.
- **Étape 5 : Lancer le diaporama** : avant de projeter la présentation, nous vérifierons son déroulement et, pour une lecture automatique, nous choisirons la durée d'affichage entre chaque séquence. Pour pouvoir diffuser la présentation sur un poste sans connexion et/ou sans compte Prezi, nous exporterons la présentation en tant que fichier Prezi portable. Dans le cas d'une présentation à distance, nous enverrons le lien de la présentation aux participants puis nous lancerons le diaporama de la présentation.

B. Conceptualiser la présentation

Avant d'utiliser Prezi, vous devez réfléchir aux points essentiels et secondaires de la présentation puis déterminer leur disposition de façon cohérente suivant le cheminement que vous souhaitez définir pendant la projection de la présentation.

Sur cette carte mentale, nous allons indiquer les éléments suivants :

- **Le titre principal** : le titre de la présentation qui doit être mis en évidence et visible lorsque la vue générale sera affichée.
- **Les titres secondaires** et ceux de niveaux inférieurs : ils sont raccordés au titre principal ; il est nécessaire de les placer de préférence dans l'ordre où ils devront être affichés pendant la présentation pour éviter ainsi des déplacements inutiles.
- **Les informations** relatives à ces titres : ces informations complètent les titres auxquels elles sont jointes ; il est préférable d'utiliser des mots-clés ou des images plutôt que de grandes phrases.
- **Les illustrations** : à ce stade, nous pouvons déjà réfléchir aux images qui viendront illustrer ces informations ; l'impact visuel des images permettra à votre auditoire de mieux mémoriser ces informations.

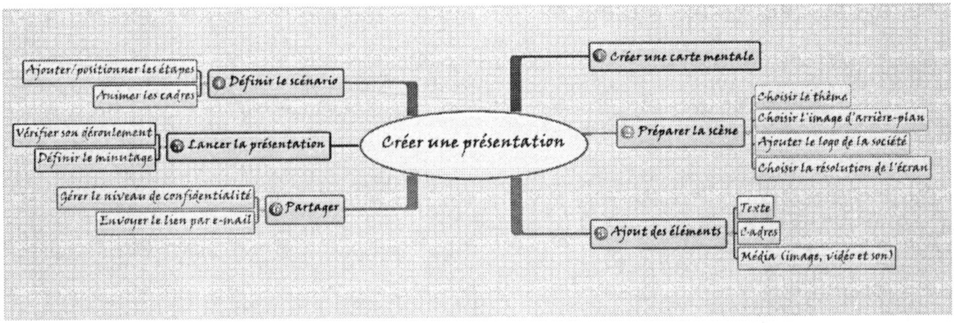

C. Préparer la scène de la nouvelle présentation

Après avoir choisi de créer une présentation vierge, nous devons effectuer quelques réglages préalables relatifs au format de l'écran utilisé pour la projection et au style que nous souhaitons donner à l'ensemble de la présentation.

1. Choisir la résolution de l'écran

Le premier réglage consiste à choisir le format de l'écran selon le support sur lequel la présentation sera publiée : **4:3** ou **16:9**.

✎ Pour choisir la résolution de l'écran, cliquez sur l'outil **Paramètres** ⚙ et sur le format d'écran souhaité : **4:3** ou **16:9**.

Pour notre exemple, nous avons choisi la résolution **16:9** :

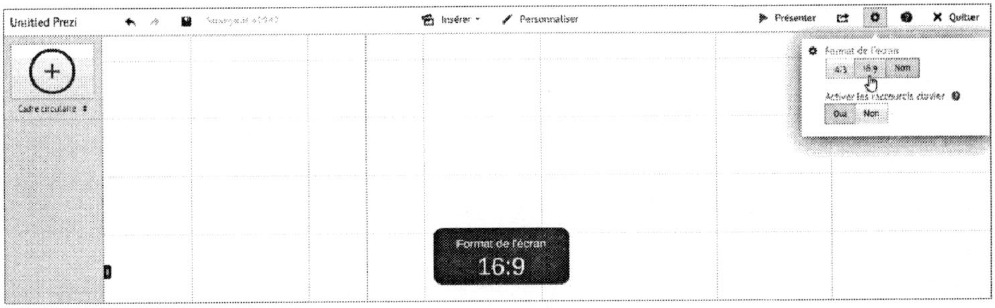

Si certaines étapes de la présentation doivent être visualisées sur un autre support, il vous sera alors possible, lors de l'insertion des cadres correspondants, de choisir une résolution différente (cf. Ajouter des cadres - Modifier la résolution d'écran d'un cadre du chapitre Créer sa première présentation).

2. Modifier le thème

Le deuxième réglage concerne le choix ou la modification du thème appliqué à la présentation afin de déterminer la police et la taille des caractères des trois styles disponibles pour le texte ainsi que les couleurs des formes, l'image à ajouter en arrière-plan et le logo de la société qui apparaîtra sur toutes les vues.

✎ Dans la barre des menus, cliquez sur le bouton **Personnaliser** pour afficher le volet **Personnaliser**.

Dans un premier temps, vous pouvez choisir l'image à ajouter en arrière-plan (bouton **Parcourir** du cadre **Image de fond**) ou les 3 images pour réaliser un arrière-plan en 3 D (cf. Créer une présentation vierge - Créer un arrière-plan 3D du chapitre Créer sa première présentation). Pour notre exemple, les parties de l'image visible en arrière-plan seront affichées successivement pendant le déroulement de la présentation, si cette image est considérée comme étant l'arrière-plan de la présentation, elle suivra le déplacement de la caméra et nous ne pourrons pas dans ce cas cibler un endroit précis de cette image. Nous avons donc choisi de l'insérer directement sur la scène pour pouvoir zoomer les parties de l'image qui nous intéressent.

Lors de la création d'éléments, il n'est pas possible de modifier la police (pour les caractères) et la couleur (pour les formes) ; ces attributs doivent au préalable être définis dans le thème qui sera appliqué à la présentation.

✎ Pour notre exemple, choisissez le thème **Terra** en cliquant sur la vignette de ce modèle dans le volet **Personnaliser**.

✎ Puis, pour choisir les attributs de mise en forme des éléments, cliquez sur le bouton **Avancé** en bas du volet.

✎ Dans la boîte de dialogue **Theme Wizard**, cliquez sur le bouton **Wizard**.

Si vous avez souscrit à un abonnement Enjoy, Pro ou EDU Pro, vous pouvez dans ce cas ajouter le logo de votre société qui apparaîtra dans le coin inférieur gauche de chaque vue à la place du logo Prezi en cliquant sur la vignette **Upload** du cadre **Custom Logo**.

✎ Cliquez sur le bouton **Next** et choisissez dans chacune des listes, la police de caractères à utiliser pour les titres de niveau 1 (**Title 1**), de niveau 2 (**Title 2**) et celle du corps de texte (**Body**) puis la couleur de caractères pour chaque niveau.

Ici, nous avons choisi la police **From Where You Pire** pour les titres de niveau 1, la police **KOMIKA TITLE** pour les titres de niveau 2 et la police **Arsenal** pour le corps du texte ainsi les couleurs indiquées sur l'image :

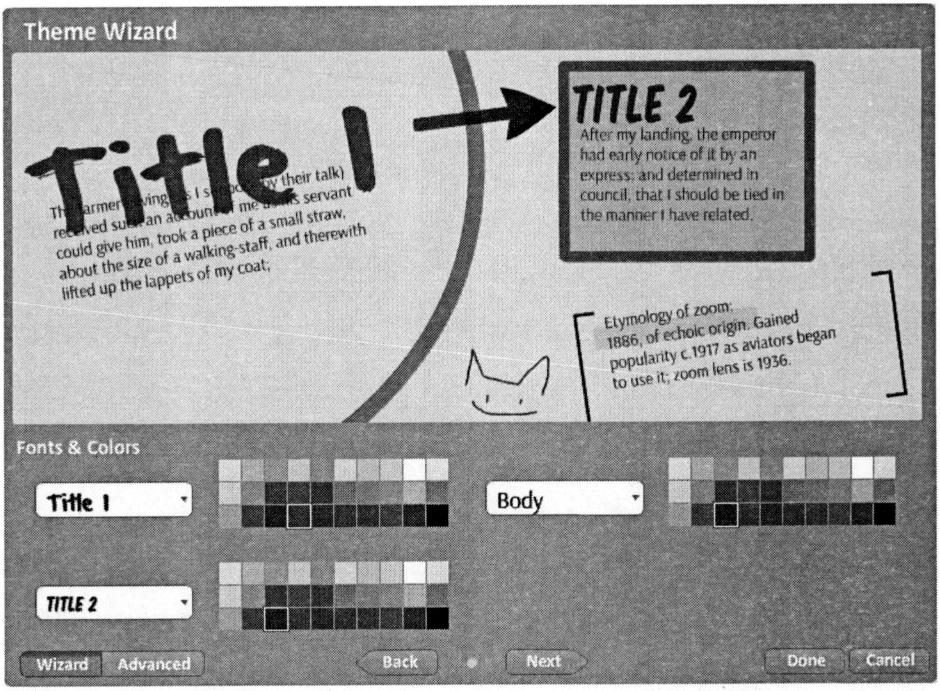

- Pour choisir la couleur des formes, cliquez sur le bouton **Next** et choisissez, dans chacune des palettes de couleurs, la couleur des cercles (**Circle Frame**), des formes géométriques (**Bracket Frame & Rectangle**), des lignes et flèches (**Arrow & Line**) et du surligneur (**Marker**).

Voici les couleurs que nous avons choisies :

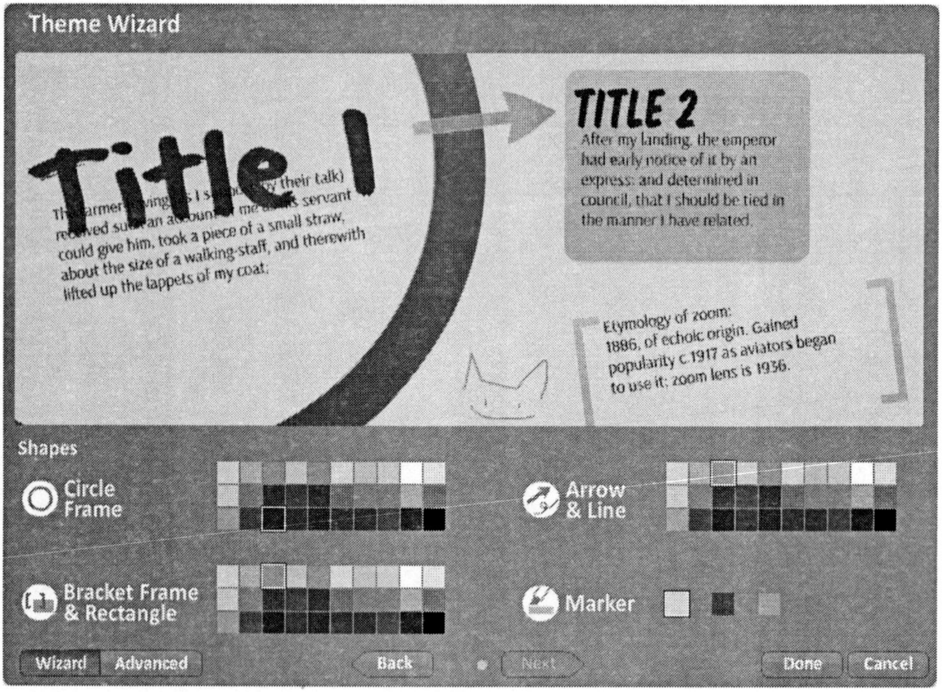

✎ Cliquez sur le bouton **Done** pour appliquer vos choix.

3. Enregistrer le thème

Le thème ainsi modifié pouvant nous servir pour d'autres présentations, nous allons l'enregistrer.

✎ Cliquez sur le bouton **Sauvegarder le thème actuel** visible en bas du volet **Personnaliser**.

La vignette du thème est désormais visible dans la section **Vos thèmes** en bas du volet **Personnaliser** et ce, quelle que soit la présentation ouverte :

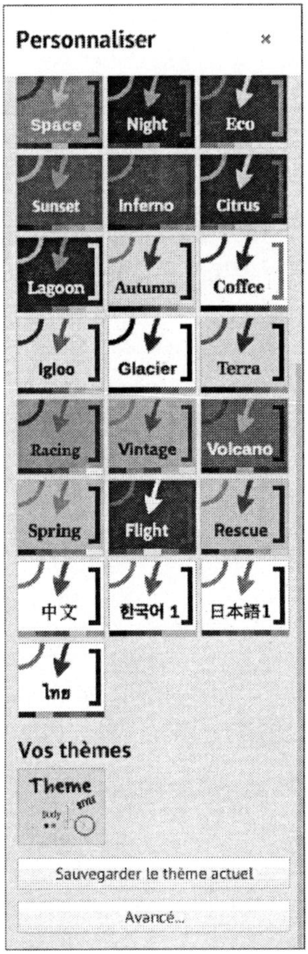

D. Ajouter des éléments

Pour ajouter les éléments de la présentation, nous disposons de plusieurs méthodes :

- soit les éléments sont ajoutés individuellement puis ils seront ultérieurement disposés dans un cadre s'ils doivent être affichés ensemble dans une même vue ;
- soit nous créons un cadre simple dans lequel nous ajoutons les éléments ;
- soit nous utilisons des cadres qui proposent des mises en page prédéfinies, appelées **Structures** dans Prezi.

Nous allons tour à tour utiliser toutes ces méthodes selon la vue à créer.

1. Image de la vue générale

- Dans la barre des menus, ouvrez le menu **Insérer** et choisissez l'option **Image** pour afficher le volet **Insérer une image**.
- L'image à ajouter étant stockée sur l'ordinateur, cliquez sur le bouton **Parcourir** dans le volet **Insérer une image** et double cliquez sur le fichier nommé **1 Arrière-plan.png**.
- Fermez ensuite le volet **Insérer une image**.
- Agrandissez la taille de l'image en faisant glisser une de ses poignées et, si besoin, repositionnez-la en faisant glisser l'outil .

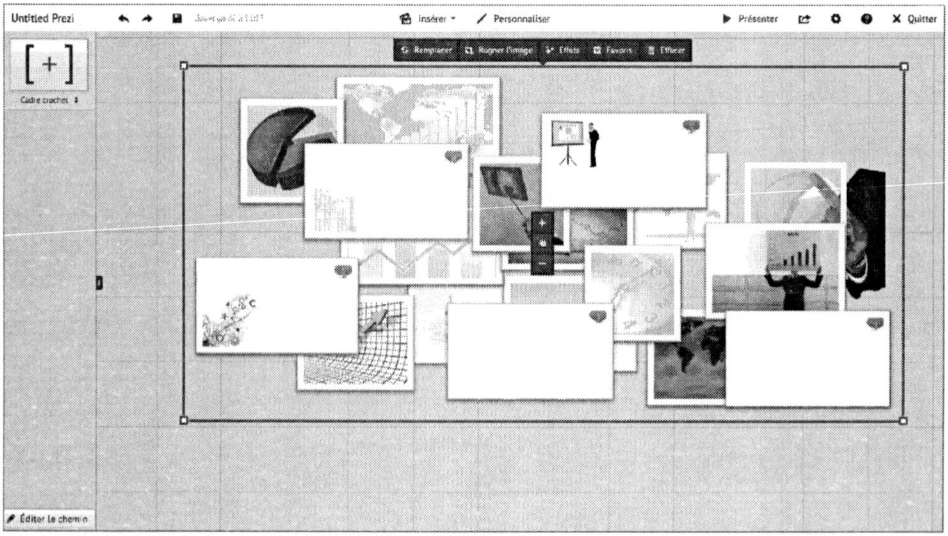

2. Astuce pour importer des images vectorielles

Sur l'image d'arrière-plan que nous venons d'insérer figurent cinq diapositives numérotées que nous complèterons pour élaborer notre présentation.

Lors de la projection, le zoom d'affichage sera agrandi pour afficher le contenu de chacune de ces diapositives. Cependant, l'image importée n'étant pas une image vectorielle, l'agrandissement du zoom provoquera une perte de qualité des graphismes qui apparaîtront "pixellisés" comme sur l'exemple suivant :

Pour remédier à ce problème, nous allons importer les images vectorielles des diapositives que nous positionnerons ensuite sur l'image d'arrière-plan.

Comme nous ne disposons pas de logiciel spécifique pour enregistrer des images vectorielles, nous avons créé dans un fichier PowerPoint les diapositives puis nous avons converti ce fichier en fichier PDF. En important ce fichier PDF dans notre présentation, les images des diapositives seront alors vectorielles.

- Pour importer le fichier PDF, cliquez sur le menu **Insérer** et choisissez l'option **Depuis un fichier (PDF, vidéo)**.
- Dans la boîte de dialogue **Ouvrir**, accédez au dossier dans lequel vous avez enregistré les fichiers et double cliquez sur le fichier nommé **Diapositives.pdf**.

Les images des diapositives apparaissent sur la scène.

- Déplacez chacune des images pour les positionner sur les diapositives correspondantes et redimensionnez-les afin d'ajuster leur taille à celle des diapositives de l'image d'arrière-plan.

Pour positionner précisément une image, nous vous conseillons d'agrandir si besoin le zoom d'affichage et d'utiliser les touches fléchées du clavier.

Pour éviter que ces images soient déplacées inopportunément, nous allons les grouper avec l'image de l'arrière-plan :

- Sélectionnez les images des diapositives ainsi que l'image d'arrière-plan en utilisant le raccourci-clavier Ctrl A puis, dans la barre d'outils qui s'affiche, cliquez sur le bouton **Grouper**.

3. Faciliter le déplacement grâce aux cadres invisibles

Dans notre exemple, nous allons utiliser les « diapositives » numérotées visibles sur l'image pour créer le contenu de la présentation. Afin de pouvoir naviguer plus facilement entre ces diapositives, nous décidons d'ajouter pour chacune d'elle un cadre invisible. L'ajout d'un cadre (invisible ou non) crée automatiquement une vignette dans la barre latérale gauche ainsi, il nous sera ensuite possible de cliquer sur la vignette correspondante pour afficher en gros plan la diapositive sur laquelle nous souhaitons travailler.

Pour réaliser cette procédure, nous disposons de trois méthodes :

- La première méthode consiste à ajouter successivement chaque cadre invisible sur la scène. Comme nous souhaitons ajouter 5 cadres, il faut donc répéter cette procédure 5 fois.
- La seconde méthode consiste à afficher, en gros plan, la vue de chaque diapositive et d'enregistrer la vue comme étape du chemin.
- La troisième méthode consiste à créer un premier cadre puis à le dupliquer autant de fois que nécessaire. Cependant, cette méthode n'insère pas automatiquement la vignette de la vue dans la barre latérale et il n'est pas non plus possible de l'ajouter manuellement au chemin s'il s'agit d'un cadre invisible. Pour ce faire, il faut alors créer un premier cadre de type rectangulaire puis le dupliquer pour les autres vues, ajouter ensuite chaque cadre au chemin et convertir chacun des cadres en cadre invisible. Cette procédure étant longue et fastidieuse, nous ne la détaillerons pas.

<u>Première méthode</u>

✎ Si la vignette, visible dans la partie supérieure du volet latéral gauche, ne représente pas un cadre invisible, ouvrez la liste située sous cette vignette et sélectionnez l'option **Invisible**.

Un cadre invisible est symbolisé par cette vignette :

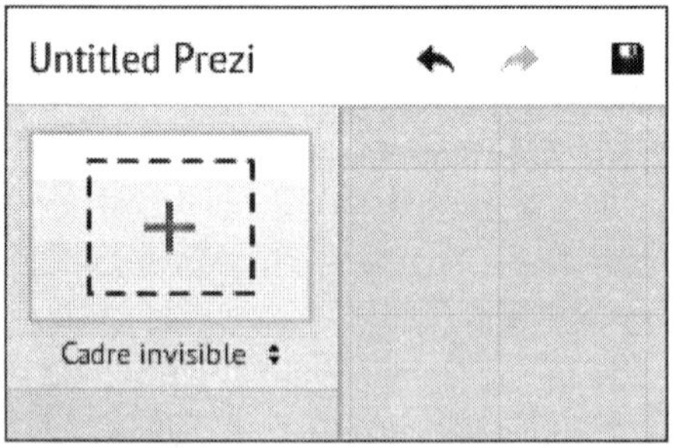

✎ Cliquez sur cette vignette et déplacez-la sur la scène en la positionnant au centre de la diapositive numérotée 1.

✎ Faites glisser ensuite une de ses poignées de sélection ▢ et/ou les bordures du cadre pour l'agrandir afin que sa taille corresponde à celle de l'image de la diapositive.

Dans la barre latérale gauche, Prezi a ajouté la vignette correspondant à cette vue :

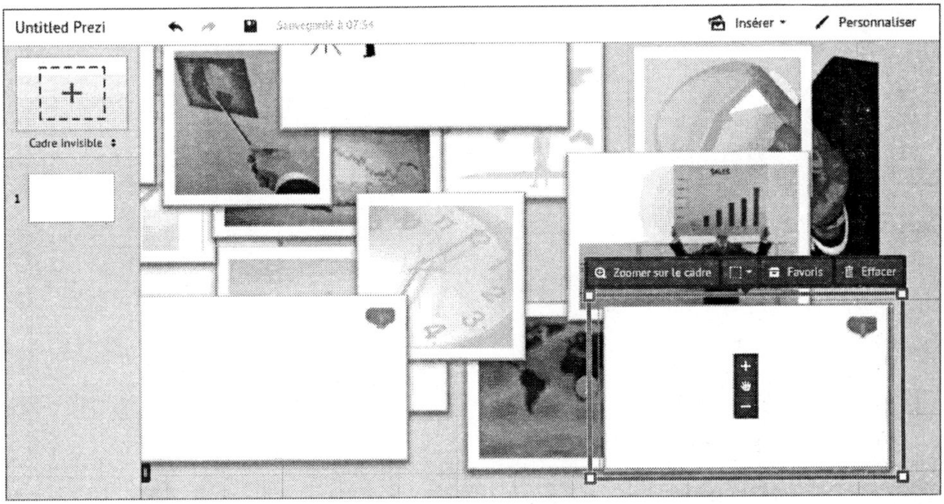

✎ Utilisez cette même procédure pour ajouter les quatre autres cadres ; veillez à les réaliser dans l'ordre afin que leur vignette respective apparaisse également dans l'ordre où les diapositives seront complétées.

La barre latérale affiche désormais cinq vignettes :

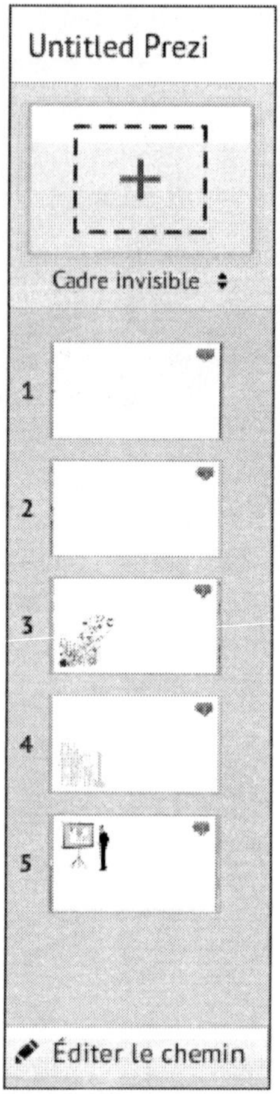

Seconde méthode

Cette méthode ne peut être réalisée que lorsque le chemin est édité.

- En bas de la barre latérale gauche, cliquez sur le bouton **Éditer le chemin**.
- Agrandissez le facteur de zoom afin d'afficher la vue de la diapositive numérotée 1 puis cliquez sur le bouton **Ajouter cette vue** (en bas du volet latéral gauche).

Automatiquement, Prezi ajoute un cadre invisible autour des éléments de la vue. Sur notre exemple, le cadre englobe des éléments que nous ne voulons pas intégrer à la vue, lorsque le chemin ne sera plus édité, il nous sera possible de modifier la taille du cadre pour l'adapter plus précisément à la vue que nous souhaitons obtenir :

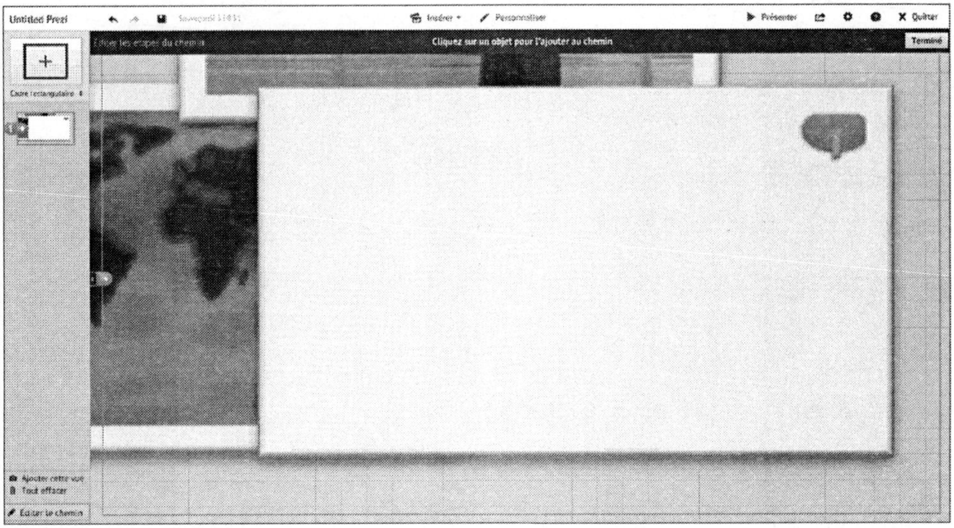

- Affichez ensuite l'image de la diapositive 2 puis cliquez sur le bouton **Ajouter cette vue**.
- Répétez cette procédure pour enregistrer la vue des diapositives 3, 4 et 5.
- Une fois les vues enregistrées, cliquez sur le bouton **Éditer le chemin** pour sortir du mode d'édition.
- Pour modifier la taille d'un cadre invisible, cliquez, dans la barre latérale gauche sur la vignette du cadre à modifier puis réduisez légèrement le zoom d'affichage. Sélectionnez ensuite le cadre en pointant une de ses bordures et en cliquant lorsque la bordure apparaît en bleu. Faites glisser une de ses poignées de sélection pour modifier à la fois sa largeur et sa hauteur ou faites glisser une de ses bordures latérales pour modifier uniquement sa largeur ou sa hauteur.

4. Titre principal

Le titre principal, « **Créer une présentation** » sera visible sous l'image puis, à sa gauche, nous insérons l'image des pièces du puzzle.

- Cliquez sur la scène à l'endroit où le titre principal doit être saisi.

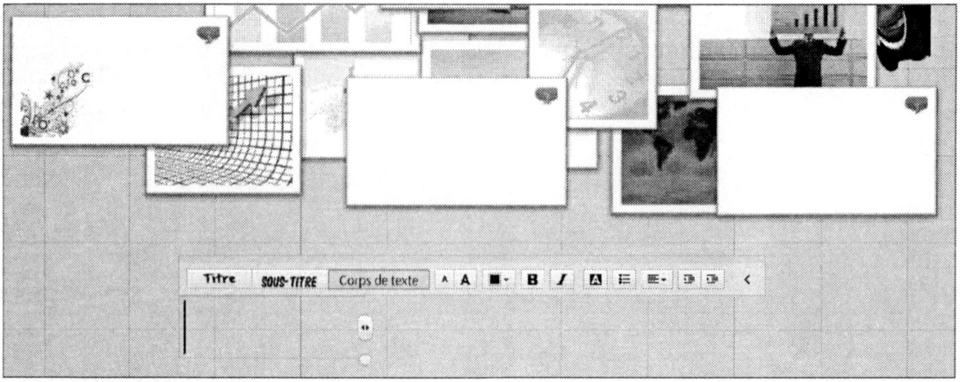

- Saisissez le texte du titre principal : **Créer une présentation.**
- Pour appliquer le style que nous avons choisi pour le premier niveau de titre, cliquez sur le bouton **Titre** dans la barre d'outils puis cliquez à deux reprises sur l'outil **A** pour augmenter la taille des caractères.

5. Image du puzzle

Nous allons insérer une image de Google puis, après avoir modifié sa taille, nous supprimerons la partie gauche de cette image et lui appliquerons un des effets proposés par l'Éditeur photo de Prezi.

- Pour ajouter l'image du puzzle, affichez le volet **Insérer une image** en choisissant l'option **Image** du menu **Insérer** puis, dans la zone de recherche, saisissez **puzzle,** ouvrez ensuite la liste et sélectionnez l'option **Images Google** et cliquez sur l'outil pour lancer la recherche.

  Dans la liste des images qui s'affiche, double cliquez sur l'image souhaitée.
- Lorsque l'image apparaît sur la scène, faites glisser une de ses poignées pour réduire la taille de l'image puis cliquez sur l'outil et faites glisser l'image à gauche du titre.

Sur notre exemple, l'image est placée précisément sur la première lettre du titre :

Nous souhaitons rogner l'image pour supprimer la partie blanche située à gauche des pièces du puzzle puis nous appliquerons un effet à l'image.

- Pour faciliter la modification de l'image, augmentez le zoom d'affichage à l'aide de la molette de la souris ou en cliquant successivement sur l'outil  visible à droite de la scène.
- Pour supprimer la partie blanche, à gauche de l'image, sélectionnez, si besoin, l'image puis cliquez sur le bouton **Rogner l'image**.
- Faites glisser la poignée supérieure ou inférieure gauche vers la droite.

- Pour valider, cliquez à l'extérieur de l'image.

Nous allons à présent appliquer un des effets proposés par l'Éditeur photo.

✎ Cliquez sur l'image pour la sélectionner puis cliquez sur le bouton **Effets**.

L'Éditeur photo s'ouvre.

✎ Cliquez sur le bouton 

visible dans la barre latérale, en haut de la fenêtre.

✎ Dans la liste des effets qui s'affiche, cliquez sur celui que vous souhaitez appliquer à l'image.

Dans notre exemple, nous avons choisi l'effet **Boardwalk** :

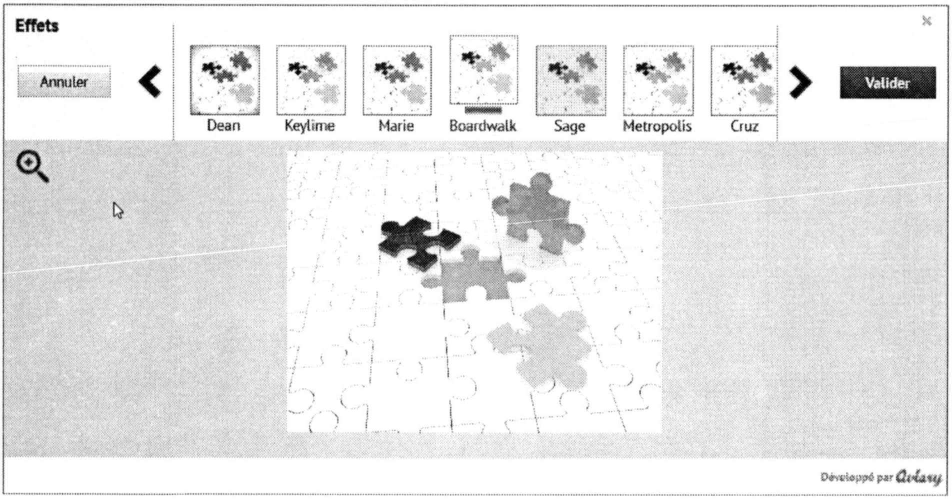

✎ Cliquez ensuite sur le bouton **Valider** puis sur le bouton **Sauvegarder**.

L'image étant positionnée sur la première lettre du titre principal, nous allons la placer en arrière-plan.

✎ Sélectionnez l'image puis faites un clic droit et choisissez l'option **Placer à l'arrière-plan**.

Pour éviter que le titre principal et l'image du puzzle soient déplacés indépendamment l'un de l'autre, nous allons regrouper ces deux éléments.

✎ Réduisez le zoom d'affichage en utilisant la molette de la souris ou en cliquant successivement sur l'outil  visible à droite de la scène afin de pouvoir visualiser l'image du puzzle et le titre principal.

✎ Maintenez la touche ⇧ enfoncée et, à l'aide de la souris, réalisez un cliqué-glissé afin de tracer un cadre de sélection autour des deux éléments à sélectionner.

✎ Dans la barre d'outils qui s'affiche, cliquez sur le bouton **Grouper**.

6. Créer la vue 1

Après la vue générale qui est composée de la grande image et du titre principal, la présentation affichera la **vue 1** qui sera constituée des éléments suivants : un titre, une liste à puces et un tutoriel vidéo du site YouTube pour apprendre à créer une carte mentale (*Mind Mapping*) :

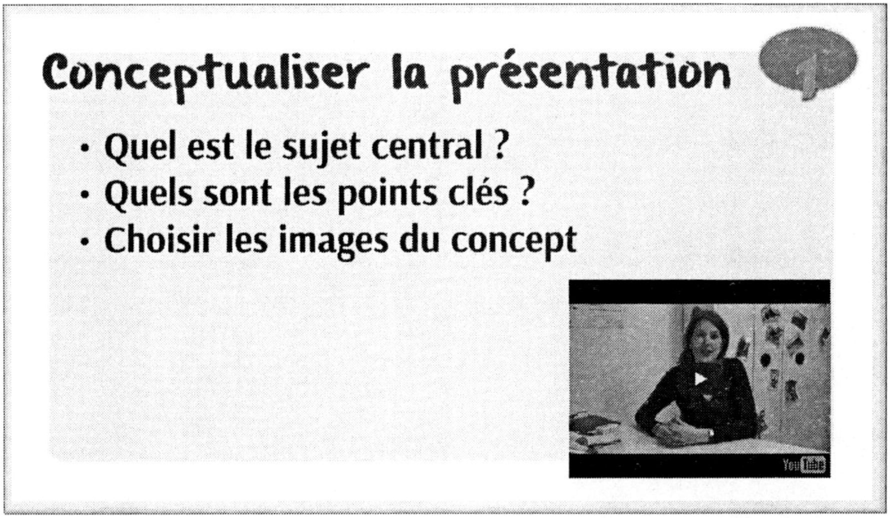

✎ Dans la barre latérale gauche, cliquez sur la première vignette pour afficher l'image de la diapositive portant le numéro 1.

Pour ajouter le titre, cliquez en haut et à droite de la diapositive et saisissez le texte **Conceptualiser la présentation**. Appliquez le style **Titre** en cliquant sur le bouton correspondant.

Modifiez la taille des caractères en cliquant successivement sur l'outil  ou  afin que la largeur du titre soit adaptée approximativement à la largeur de la diapositive.

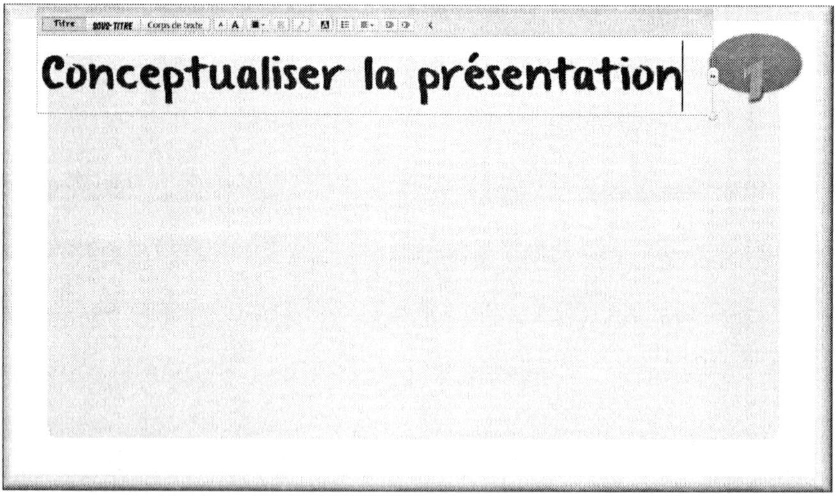

Double cliquez ensuite sous le titre pour créer la seconde zone de texte.

✎ Choisissez, dans la barre d'outils, le style **Corps de texte** puis cliquez sur l'outil 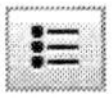 pour créer une liste à puces. Saisissez ensuite le texte suivant :

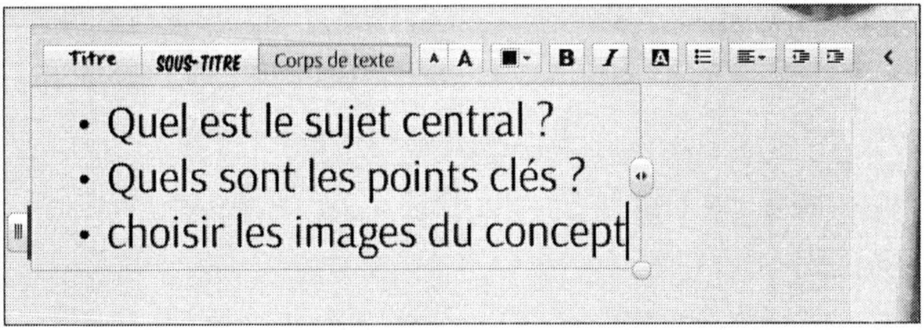

✎ Pour mettre en gras le texte saisi, cliquez sur l'outil .

Pour ajouter le tutoriel vidéo qui explique comment réaliser une carte mentale, nous allons insérer le lien d'une vidéo publiée sur YouTube. Pour recopier ce lien, vous pouvez effectuer une recherche sur le site YouTube et copier l'adresse URL de la vidéo.

✎ Après avoir copié l'adresse URL de la vidéo, ouvrez le menu **Insérer** et sélectionnez l'option **Vidéo YouTube** puis, dans la fenêtre qui s'affiche, collez le lien copié.

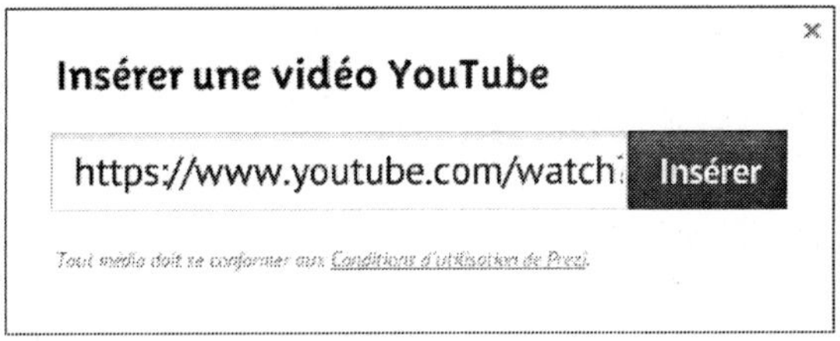

Cliquez ensuite sur le bouton **Insérer**.

Utilisez l'outil  pour déplacer la vidéo sous la liste à puces et modifiez, si besoin, la taille du cadre en faisant glisser ses poignées de sélection.

7. Créer la vue 2

Dans la deuxième vue, une image est insérée ainsi qu'un titre principal et du texte libre. Les zones de texte seront indépendantes les unes des autres car, lors de la projection, nous souhaitons qu'elles apparaissent les unes après les autres.

Pour réaliser cette vue, nous serons amenés à utiliser des raccourcis-clavier, veillez à les activer en cliquant sur le bouton **Oui** dans la liste de l'outil **Paramètres** ⚙.

✎ Dans la barre latérale gauche, cliquez sur la deuxième vignette pour afficher l'image de diapositive portant le numéro 2.

- Pour insérer l'image, affichez le volet **Insérer une image** (menu **Insérer - Image**) puis cliquez sur le bouton **Parcourir** et faites un double clic sur le fichier image nommé **2 Image de la scène**.
- Déplacez ensuite l'image à l'aide de l'outil et redimensionnez-la en faisant glisser une de ses poignées de sélection.

- Double cliquez ensuite sous l'image et saisissez le titre : Choisir le thème et la taille de la scène ; appliquez-lui, si besoin, le style **Titre** en cliquant sur le bouton correspondant.
- Agrandissez ensuite la largeur de la zone de texte en faisant glisser l'outil visible à droite de la zone afin que le texte soit affiché sur une seule ligne puis cliquez plusieurs fois sur l'outil pour agrandir la taille des caractères.

Pour cette vue, il nous reste à saisir les textes libres qui s'afficheront l'un après l'autre sur l'image. Afin d'uniformiser la couleur et la taille des caractères de ces zones de texte, nous allons créer la première zone de texte et lui appliquer les attributs de mises en forme commun puis nous dupliquerons cette zone de texte pour réaliser les autres.

✎ Pour ajouter la première zone de texte, double cliquez sur l'image à l'endroit où le texte doit être visible et saisissez le texte **Choisir la résolution de l'écran** ; appliquez le style **Titre** en cliquant sur le bouton correspondant.

Faites glisser une des poignées de sélection de la zone de texte pour réduire la taille des caractères.

Choisissez la couleur gris clair dans la palette de l'outil :

Cliquez ensuite à l'extérieur de la zone de texte.

- Pour dupliquer la zone de texte, sélectionnez-la puis utilisez le raccourci-clavier Ctrl D.
- La zone de texte dupliquée étant sélectionnée, cliquez sur le bouton **Éditer le texte** pour pouvoir modifier le texte. Pour remplacer le texte par un autre, sélectionnez tous les caractères en utilisant le raccourci-clavier Ctrl A et saisissez : **Choisir la couleur et l'image** puis, pour aller à la ligne, appuyez sur la touche ↵ et saisissez le texte de l'arrière-plan.
  Ouvrez la liste de l'outil et sélectionnez l'alignement **Centré** .
- Pour réaliser la troisième zone de texte, dupliquez la première zone de texte créée et remplacez le texte existant par **Choisir les polices de caractères**.
- Créez ensuite la dernière zone de texte en dupliquant, par exemple, la première zone et saisissez le texte **Choisir la couleur des formes**.

Pour donner plus de mouvement, vous pouvez modifier l'inclinaison de ces zones de texte comme sur notre exemple.

- Sélectionnez la zone de texte, pointez une de ses poignées de sélection pour faire apparaître la poignée de rotation puis faites glisser cette poignée dans la direction souhaitée.

8. Créer la vue 3

Dans cette vue, plusieurs types d'éléments vont être ajoutés : des zones de texte, des cadres, des images ainsi que des formes.

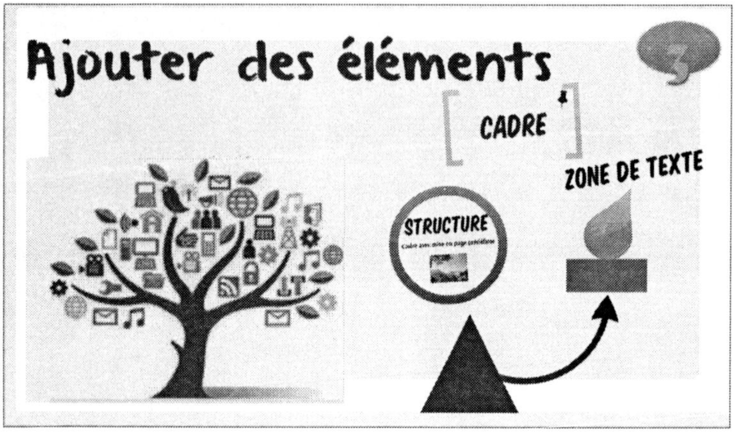

Les raccourcis-clavier doivent être activés pour réaliser cette vue (outil ⚙, bouton **Oui**).

✎ Dans la barre latérale gauche, cliquez sur la troisième vignette pour afficher l'image de la diapositive portant le numéro 3.

- Cliquez dans le coin gauche de la diapositive et saisissez le titre : **Ajouter des éléments**, appliquez le style **Titre** au texte et agrandissez la taille des caractères.

- Pour créer la première zone de texte, cliquez sur l'image de la diapositive à l'endroit où le texte doit apparaître et saisissez le texte **Zone de texte**. Appliquez ensuite le style **SOUS-TITRE** et faites glisser une des poignées de sélection de la zone pour agrandir les caractères. Utilisez la poignée de rotation pour l'incliner légèrement.

- Pour ajouter le cadre de type **Crochet** : si la vignette, visible en haut de la barre latérale gauche ne représente pas ce type de cadre, ouvrez la liste située sous la vignette et sélectionnez l'option **Crochets**.

  Cliquez ensuite sur la vignette 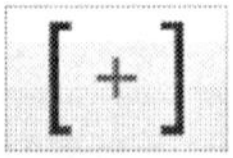 et faites-la glisser sur la diapositive. Double cliquez ensuite sur le cadre qui vient d'être ajouté (le zoom d'affichage s'adapte alors à la taille du cadre) puis cliquez dans le cadre et saisissez le texte **Cadre**.

  Utilisez l'outil  ou faites glisser une des poignées de sélection de la zone de texte pour agrandir la taille des caractères.
  Déplacez ensuite la zone de texte pour la positionner au centre du cadre.

- Pour ajouter la punaise rouge , ouvrez le menu **Insérer** et choisissez l'option **Symboles & formes** puis, dans le volet **Styles** qui s'affiche à droite, cliquez sur la vignette des symboles **Photographique**. Faites défiler la liste des symboles et double cliquez sur la vignette du symbole . Modifiez ensuite sa taille et positionnez le symbole. Utilisez la poignée de rotation  pour l'incliner légèrement.
- Réduisez ensuite le zoom d'affichage pour afficher l'ensemble de la diapositive 3 à l'écran.
- Pour ajouter le cadre nommé **Structure**, ouvrez le menu **Insérer** et choisissez l'option **Structures** et, dans le volet **Structures** qui s'affiche à droite, sélectionnez la troisième vignette de la première colonne et faites-la glisser sur la scène.

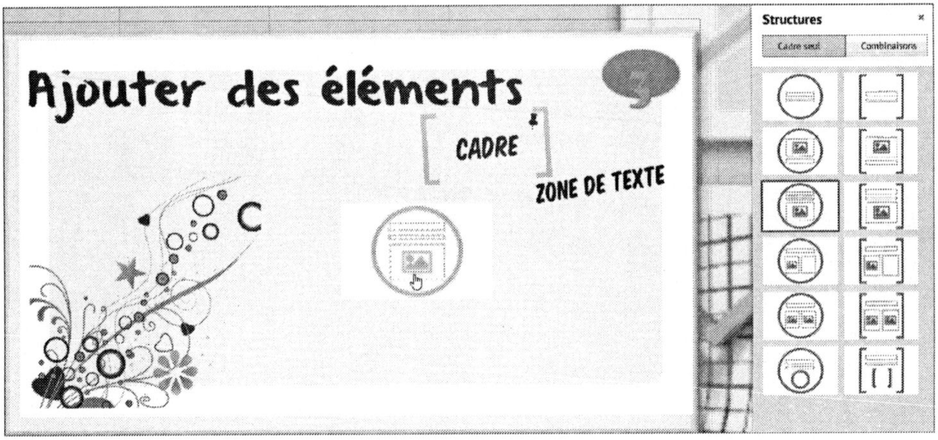

- Cliquez ensuite sur la zone de titre (le zoom d'affichage s'agrandit automatiquement) et saisissez le texte **Structure**.

  Cliquez ensuite dans la zone de texte **Ajouter du texte** et saisissez **Cadre avec mise en page prédéfinie** puis cliquez sur l'outil **B** pour le mettre en gras.

  Agrandissez la taille des caractères des deux zones de texte, réduisez la taille de l'image et repositionnez ces éléments comme indiqué ci-après :

Nous allons maintenant ajouter les formes géométriques : le triangle, la flèche et le rectangle.

- Pour dessiner le triangle, appuyez plusieurs fois sur la touche **S** du clavier jusqu'à ce que le pointeur de la souris prenne la forme suivante : . Positionnez alors le pointeur à l'endroit où vous souhaitez dessiner puis réalisez un cliqué-glissé pour tracer la forme.
- Pour dessiner la flèche, appuyez plusieurs fois sur la touche **S** du clavier et, lorsque le pointeur de la souris prend la forme suivante : , tracez la flèche en partant du triangle et faites glisser vers le haut et la droite.

  Courbez ensuite la flèche en faisant glisser sa poignée centrale vers le bas.

  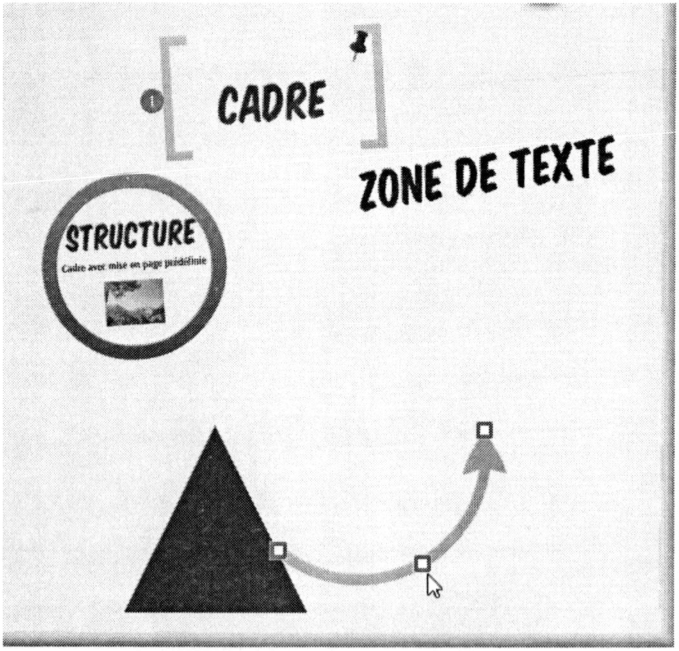

  Modifiez la couleur de la flèche en sélectionnant la première couleur proposée dans la palette de l'outil **Style**.
- Pour dessiner le rectangle, appuyez plusieurs fois sur la touche **S** du clavier et, lorsque le pointeur de la souris prend la forme suivante : , tracez le rectangle au-dessus de la pointe de la flèche. Modifiez ensuite sa couleur en choisissant l'avant-dernière couleur de la palette proposée dans la liste de l'outil **Style**.

✎ Pour ajouter la goutte d'eau, affichez le volet des formes et des symboles (menu **Insérer - Symboles & formes** - catégorie **Photographique**) et, dans la liste qui s'affiche, double cliquez sur le symbole. Redimensionnez ensuite le symbole et éventuellement inclinez-le.

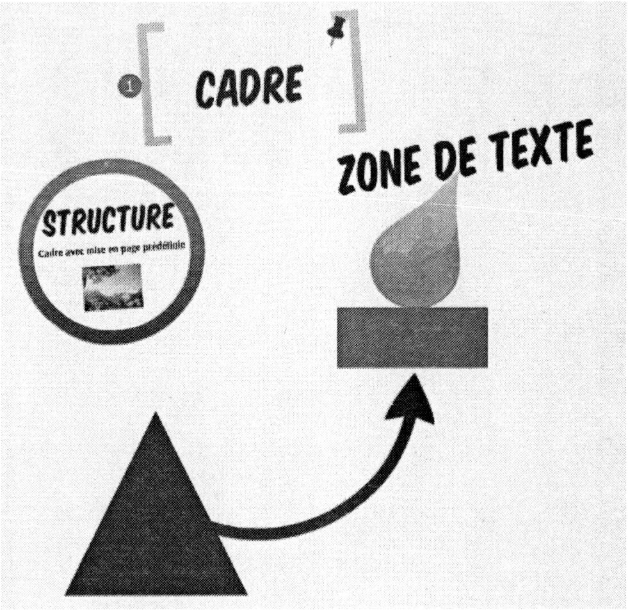

Il nous reste à présent à ajouter l'image de l'arbre qui provient d'une recherche d'images sur Google. L'image que nous choisissons n'a pas un fond transparent, nous retoucherons ensuite l'image afin que son arrière-plan corresponde à la couleur de la diapositive (jaune pâle).

✎ Affichez le volet **Insérer une image** (menu **Insérer - Image**).

✎ Dans la zone de recherche du volet, saisissez les mots clés **arbre média** et appuyez sur la touche ⏎ pour lancer la recherche. Double cliquez ensuite sur la vignette de l'image à insérer puis modifiez sa taille et positionnez-la dans le coin inférieur gauche de la diapositive.

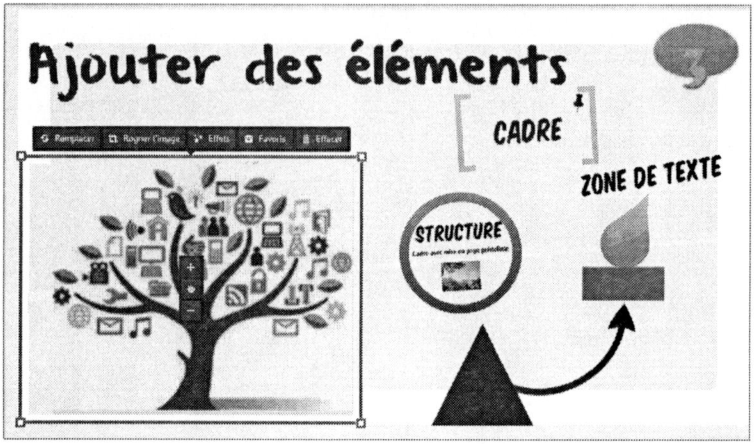

- Pour modifier la couleur d'arrière-plan de l'image afin qu'elle soit concordante avec celle de la diapositive, cliquez sur le bouton **Effets**.

  Lorsque la fenêtre de l'**Éditeur photo** s'ouvre, cliquez sur l'outil 

  (cette fonctionnalité est disponible uniquement pour les abonnements payants).

  Faites glisser le curseur de la réglette légèrement vers la gauche comme indiqué ci-après :

Cliquez ensuite sur le bouton **Valider** puis sur le bouton **Sauvegarder**.

9. Créer la vue 4

Dans la quatrième vue, nous ajoutons un titre ainsi qu'un diagramme de type Processus proposé par Prezi.

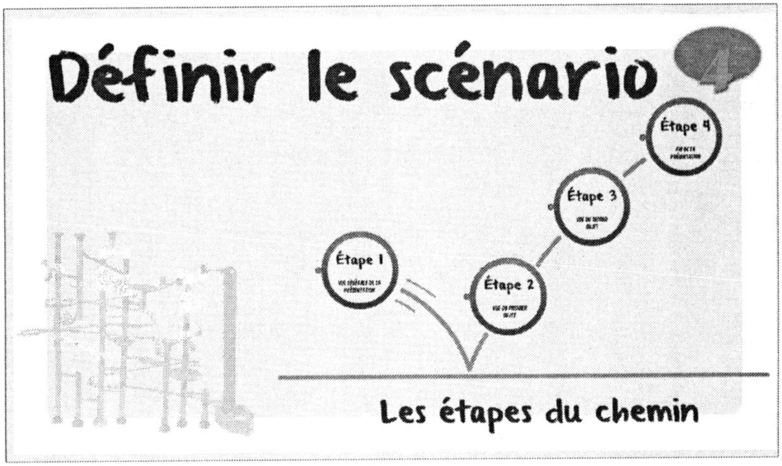

✎ Dans la barre latérale gauche, cliquez sur l'avant-dernière vignette correspondant à l'image de la diapositive portant le numéro 4.

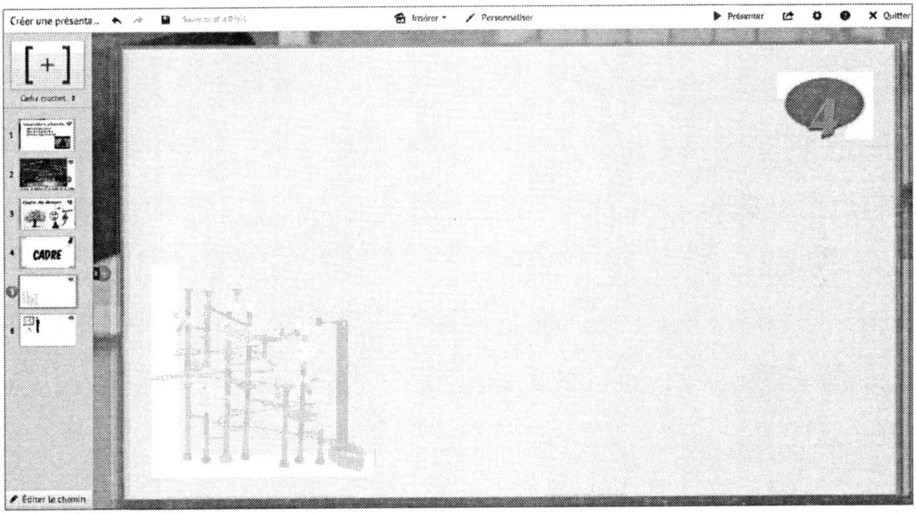

✎ Cliquez sur la diapositive pour ajouter le titre principal et saisissez **Définir le scénario**. Appliquez le style **Titre** au texte et agrandissez la taille des caractères.

- Pour ajouter le diagramme, ouvrez le menu **Insérer** et choisissez l'option **Structures** puis, dans le volet **Structures**, cliquez sur le bouton **Combinaisons**.

  Faites défiler la liste et cliquez sur la vignette suivante (dans la deuxième colonne) :

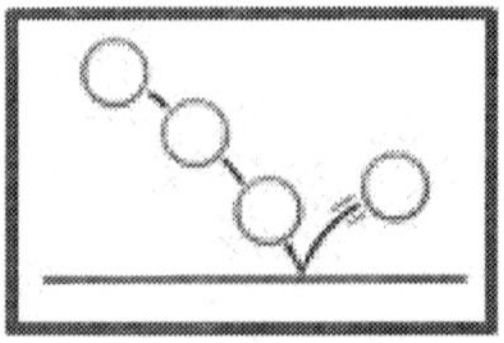

- Faites glisser la vignette sur la scène.

Nous souhaitons retourner horizontalement le diagramme afin que le premier rond soit à gauche et que la série des trois ronds soit à droite. Dans Prezi, il n'existe pas de fonctionnalité permettant de le faire. Nous allons donc utiliser le raccourci-clavier qui permet de dupliquer un objet tout en le retournant horizontalement.

- Sélectionnez le cadre du diagramme : pointez sa bordure puis, quand un cadre bleu apparaît sur la bordure, cliquez. Dupliquez le cadre en utilisant le raccourci-clavier Ctrl ⇧ D.

  Une fois le cadre dupliqué, supprimez le premier cadre en le sélectionnant et en appuyant sur la touche Suppr.

- Redimensionnez puis déplacez le cadre sur la diapositive pour le positionner.

Le cadre n'étant plus nécessaire, nous souhaitons le supprimer mais en conservant son contenu.

- Sélectionnez le cadre puis ouvrez la liste de l'outil et choisissez l'option **Supprimer le cadre**.

- Cliquez sur la zone de texte intitulée **Ajouter du texte** et saisissez **Les étapes du chemin**. Faites glisser vers la droite l'outil visible à droite de la zone de texte pour que le titre apparaisse sur une seule ligne.

Nous allons maintenant renseigner le texte dans chacun des cadres circulaires du diagramme. Pour éviter des manipulations répétitives, nous saisirons le premier texte puis le dupliquerons pour l'afficher dans les autres cadres.

- Sélectionnez le premier cadre circulaire, celui placé à gauche, puis cliquez sur le bouton **Zoomer sur le cadre**.

- Cliquez sur l'intitulé AJOUTER DU TEXTE et saisissez le titre : **Étape 1**, appliquez-lui ensuite le style **Titre**.

- Cliquez sur l'intitulé **Ajouter du texte** et saisissez **Vue générale de la présentation** puis appliquez-lui le style SOUS-TITRE.

- Agrandissez la taille des caractères de ces deux zones de texte ; éditez ensuite la deuxième zone de texte et faites glisser l'outil vers la gauche afin que le texte s'affiche sur deux lignes et centrez le texte (outil puis l'outil). Repositionnez les zones de texte comme indiqué sur l'image suivante :

- Avant de dupliquer ces deux zones de texte, il faut au préalable supprimer les zones réservées au texte des autres cadres circulaires : pointez la zone réservée au texte que vous souhaitez supprimer puis, lorsque la zone s'affiche dans un cadre bleu, faites un clic droit et choisissez l'option **Supprimer**. Répétez l'opération pour chaque zone.
- Pour copier les zones de texte déjà renseignées dans les cadres circulaires, cliquez sur la première zone de texte, **Étape 1**, maintenez la touche et cliquez sur la seconde zone de texte.

Pour pouvoir sélectionner précisément les deux zones de texte sans le cadre, il sera nécessaire d'agrandir le zoom d'affichage.

- Faites le raccourci-clavier Ctrl D et positionnez les zones dupliquées dans un des cadres circulaires. Faites à nouveau le raccourci-clavier Ctrl D pour dupliquer la sélection et positionnez-la dans le cadre suivant. Répétez cette opération pour les copier dans le dernier cadre.

Modifiez ensuite le contenu de ces zones de texte comme indiqué sur les images suivantes :

10. Créer la vue 5

Nous ajoutons dans cette dernière vue, un titre principal et quatre zones de texte ainsi qu'un trait.

- Dans la barre latérale gauche, cliquez sur la dernière vignette pour afficher l'image de la diapositive portant le numéro 5.

- Cliquez sur la diapositive pour ajouter le titre principal et saisissez **Lancer le diaporama**. Appliquez le style **Titre** au texte et agrandissez la taille des caractères.

- Cliquez ensuite en haut de la diapositive et saisissez le texte **En présentiel** et appliquez-lui le style **Titre**.
- Cliquez sous ce titre et saisissez le texte suivant sur deux lignes : **Exporter la présentation en prezi portable pour la publier sans connexion** et appliquez-lui le style **Corps de texte** et l'attribut gras **B**.
- Agrandissez les deux zones de texte.
- Dessinez ensuite un trait à gauche de la deuxième zone de texte : appuyez sur la touche **S** à plusieurs reprises et tracez le trait lorsque le pointeur de la souris prend la forme suivante : .

Pour réaliser les deux zones de texte suivantes et le trait, nous allons recopier ces trois éléments afin de conserver la mise en forme qui a été appliquée puis nous modifierons le contenu de ces zones.

- Sélectionnez les deux zones de texte et le trait : cliquez sur la première zone de texte, maintenez la touche ⇧ et cliquez sur la deuxième zone de texte et le trait.
- Pour dupliquer cette sélection, faites le raccourci-clavier Ctrl D.
- Déplacez ensuite la sélection pour la positionner sur la diapositive.
- Modifiez ensuite le contenu de chacune des zones de texte en double cliquant sur la zone et en remplaçant le texte existant par le texte suivant :

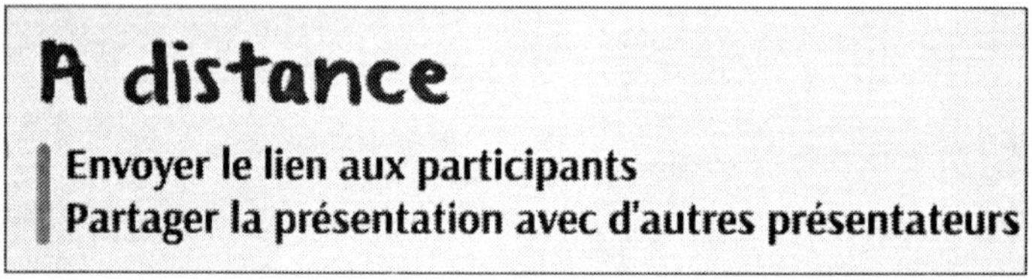

E. Définir le scénario

Le scénario d'une présentation consiste à choisir les vues à publier et l'ordre dans lequel elles devront s'afficher. Si les vues correspondent à des cadres, il sera alors possible d'animer les éléments de ces cadres.

1. Ajouter/modifier les étapes du chemin

Dans notre exemple, six étapes existent déjà : les cinq vues que nous avons créées représentant chacune l'image d'une diapositive et l'étape 4 qui a été ajoutée automatiquement lorsque nous avons inséré un cadre.

Nous allons supprimer l'étape 4 et ajouter, comme première étape, la vue générale de la présentation.

✎ Pour modifier le chemin, cliquez sur le bouton **Éditer le chemin**, en bas de la barre latérale gauche.

- Pour supprimer la quatrième étape, pointez sa vignette et cliquez sur qui apparaît dans le coin supérieur droit de la vignette.
- Pour ajouter la vue générale comme première étape du chemin :

  Affichez, si besoin, la vue générale en pointant la partie droite de la scène et en cliquant sur l'outil .

  Cliquez ensuite sur le bouton **Ajouter cette vue**, en bas de la barre latérale gauche.

La vignette de la vue générale est alors ajoutée en dernier. Il nous faut la déplacer au-dessus des autres vignettes.

- Dans la barre latérale gauche, cliquez sur la vignette et faites-la glisser au-dessus de la première.

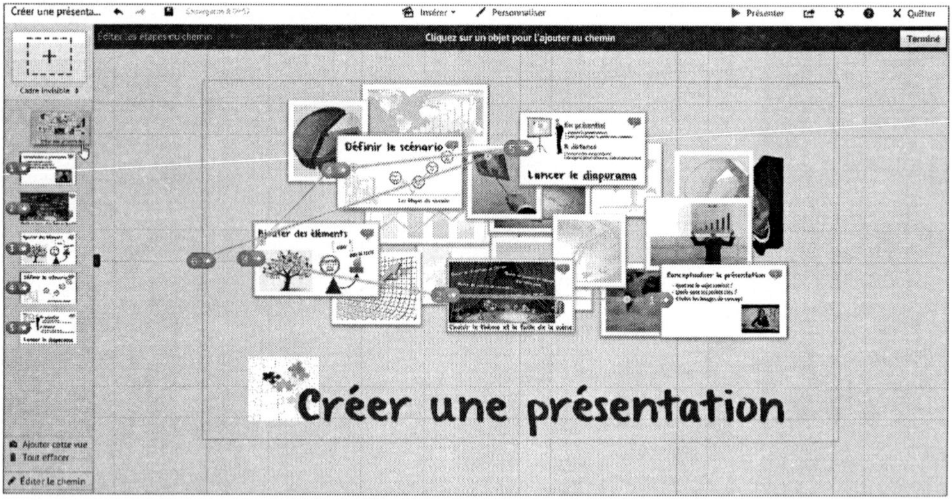

Nous souhaitons à présent afficher successivement les cadres circulaires du diagramme que nous avions ajoutés sur la diapositive 5.

- Cliquez sur la cinquième vignette dans la barre latérale gauche.

Pour ajouter au chemin la vue de chacun des cadres circulaires, vous pouvez cliquer successivement sur ces cadres dans l'ordre où ils ont été numérotés cependant cette méthode ajoute automatiquement les étapes à la suite de la dernière donc il vous faudra ensuite déplacer les vignettes ainsi ajoutées sous la cinquième.

Nous allons donc utiliser une autre méthode pour éviter de déplacer les vignettes.

- Sur la scène, l'étape 5, représentée par ce symbole , est accompagné d'un signe +,  : pointez ce symbole  et faites-le glisser sur la bordure du premier cadre circulaire.

Veillez à relâcher le pointeur de la souris lorsque le cadre circulaire apparaît sur fond bleu (et non le texte du cadre) :

- Faites ensuite glisser le symbole  de l'étape 6 sur le cadre circulaire suivant.
- Répétez cette procédure pour ajouter tous les cadres circulaires au chemin.

2. Animer des cadres

Lorsque la troisième vue sera affichée, nous souhaitons que les zones de texte apparaissent les unes après les autres.

- Toujours en mode Édition du chemin, cliquez, dans la barre latérale gauche, sur la troisième vignette.
- Cliquez ensuite sur le symbole  visible à droite de numéro de l'étape 3 sur la scène ou sur la vignette.

La fenêtre **Animation** s'ouvre :

✎ Pointez la première zone de texte :

✎ Cliquez pour appliquer l'effet d'animation.

✎ Répétez la procédure pour chacune des zones de texte.

Les quatre zones de texte sur lesquelles un effet d'animation a été appliqué sont alors précédées d'une étoile numérotée correspondant à l'ordre dans lequel elles apparaîtront :

Si vous souhaitez supprimer une animation, pointez le symbole de l'étoile correspondant puis cliquez sur l'outil **Supprimer l'effet fondu** qui apparaît à la place de l'étoile. Pour supprimer tous les effets d'animation, vous pouvez utiliser le bouton **Reset** visible en haut de la fenêtre.

- Pour vérifier l'animation, cliquez sur l'outil , en haut de la fenêtre.
- Fermez ensuite la fenêtre en cliquant sur le bouton **Done**.

3. Quitter le mode Édition du chemin

- Lorsque toutes les étapes et animations ont été définies, quittez le mode d'édition du chemin en cliquant sur le bouton **Éditer le chemin**, en bas de la barre latérale gauche ou en cliquant sur le bouton **Terminé**, visible en haut de la scène.

F. Lancer le diaporama

1. Vérifier le minutage

Pour que le déroulement de la présentation soit automatique, nous allons choisir la durée d'affichage des vues en mode Présentation.

- Dans la barre des menus, cliquez sur le bouton Présenter.
- Dans la barre de lecture, en bas de la fenêtre, cliquez sur l'outil et choisissez une durée ; pour notre exemple, nous choisissons **10 sec**.

- Laissez ensuite la présentation se dérouler pour vérifier si le minutage est adapté au contenu.

Dans notre cas, le déroulement automatique ne sera pas toujours adapté au temps nécessaire pour commenter chaque vue et visualiser l'intégralité de la vidéo, nous décidons donc de ne pas utiliser ce type de diffusion :

- Dans la barre de lecture, cliquez sur l'outil et choisissez l'option **Off**.
- Appuyez ensuite sur la touche Echap ou cliquez sur l'outil, en haut et à droite de la fenêtre, pour revenir en mode Édition de la présentation.

2. Exporter la présentation en prezi portable

Si la présentation doit être diffusée sur un poste ne disposant pas de connexion Internet et/ou de compte Prezi, nous vous conseillons dans ce cas de l'enregistrer en tant que Prezi portable ; ainsi, le fichier de la présentation et l'application permettant de la publier seront enregistrés dans un fichier compressé qu'il vous sera ensuite possible de copier sur le poste à utiliser pour sa diffusion.

✎ Dans la barre des menus, cliquez sur l'outil **Partager** et sur l'option **Télécharger comme prezi portable**.

Dans le menu, vous pouvez suivre la progression de la préparation du fichier :

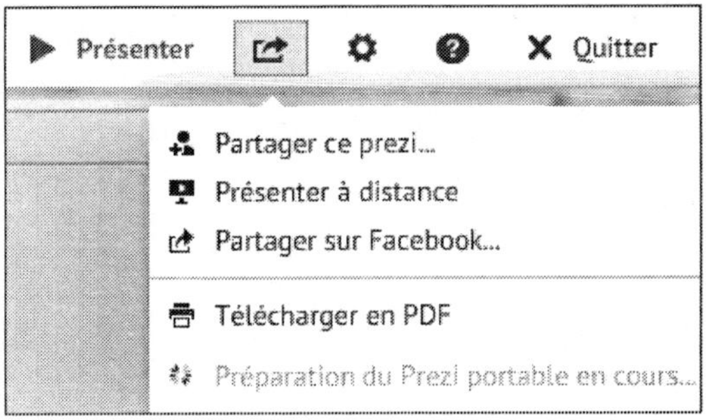

Le message suivant s'affiche (sous Internet Explorer) :

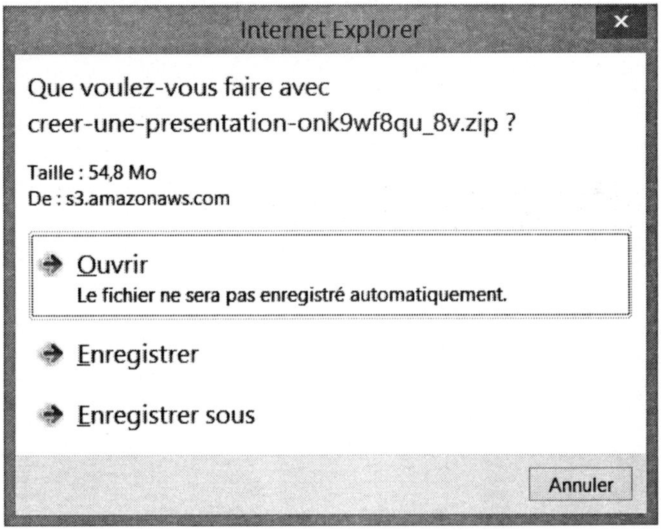

✎ Cliquez sur **Enregistrer sous** pour choisir l'emplacement du fichier.

- Recherchez et double cliquez sur le dossier dans lequel vous souhaitez enregistrer le fichier compressé et éventuellement modifiez son nom dans la zone **Nom du fichier**. Cliquez ensuite sur le bouton **Enregistrer**.

Ensuite, depuis l'explorateur, vous pouvez choisir d'envoyer ce fichier par e-mail ou le copier sur un support amovible ou sur le réseau pour qu'il soit disponible sur le poste à partir duquel la présentation sera diffusée.

Pour lancer la présentation, il vous suffira de décompresser ce fichier (bouton **Extraire tout** - onglet **Extraction** de l'Explorateur de fichiers) puis, après avoir ouvert le dossier, de double cliquer sur le fichier **Prezi.exe**.

3. Étapes préparatoires pour une présentation à distance

Si la présentation doit être publiée à distance sur les postes des utilisateurs (30 personnes maximum), il faut alors envoyer le lien de cette présentation à ces utilisateurs peu de temps avant le début de la présentation.

Le lien envoyé aux participants a une durée restreinte (10 minutes après la fermeture de la présentation). Si vous souhaitez que chaque participant se connecte dans le temps imparti, il est préférable au préalable de demander aux participants qui n'ont pas de compte Prezi d'en créer un car, même s'ils seront invités à le faire au moment où ils souhaiteront afficher la présentation, cette précaution vous assure de leur présence dès le début.

- Dans la barre des menus, cliquez sur l'outil **Partager**  et sur l'option **Présenter à distance**.

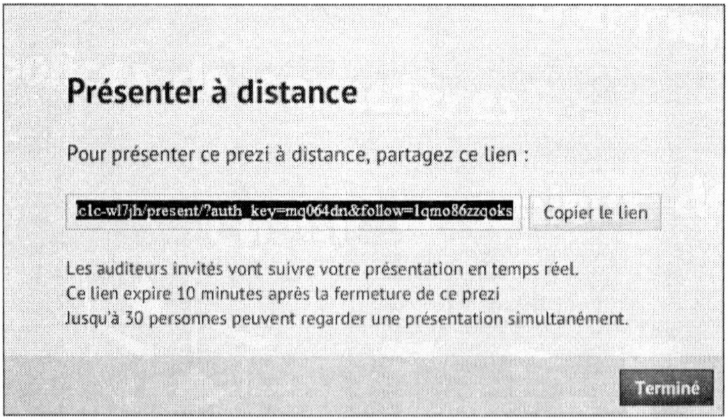

- Cliquez sur le bouton **Copier le lien** puis sur le bouton **Terminé**.

- Dans votre logiciel de messagerie (ou Webmail), créez un nouveau message et indiquez les adresses de messagerie des participants (l'adresse e-mail qu'ils ont fournie pour créer leur compte Prezi), renseignez éventuellement le texte du message (par exemple, indiquez-leur le sujet de la réunion et l'heure de sa diffusion) et collez le lien que vous venez de copier.
- Envoyez ensuite le message.

Pour lancer la présentation, les destinataires du message devront cliquer sur le lien ; s'ils ne sont pas connectés à leur compte Prezi, il leur suffira de s'identifier pour ensuite afficher la présentation.

4. Lancer le diaporama

- Si la présentation est ouverte en mode Édition, cliquez sur le bouton [▶ Présenter] dans la barre des menus.

  Si la présentation n'est pas ouverte, depuis votre bibliothèque de présentations en ligne (onglet **Vos prezis**), cliquez sur la vignette de la présentation.

Automatiquement, la présentation s'ouvre dans un nouvel onglet.

- Cliquez sur l'outil pour afficher la présentation en plein écran.

Vous pouvez alors agrandir le zoom d'affichage d'un élément en cliquant sur l'élément concerné ou le réduire en cliquant sur un espace vide de la scène ou bien utiliser la molette de souris.

- Pour suivre le déroulement du scénario, cliquez sur les outils et en bas de la fenêtre ou, si vous avez activé les raccourcis clavier, utilisez les touches [←] et [→].
- Pour revenir en mode Édition, appuyez sur la touche [Echap] ou pointez le coin supérieur droit de l'écran et cliquez sur l'outil .

A

B

C

D

E

F

I